体验探案游戏的乐趣，体味头脑变聪明的惊喜

越玩越聪明的 探案游戏 全集

孙瑾筱 /编著

学校不教，但你一定要具备的能力

游戏中活化思维、激发潜能

中国纺织出版社

内容提要

一名优秀的侦探，除了具备专业的侦探技术外，还要有敏锐的观察力、快速的判断力、对科学知识的准确把握能力以及对复杂情况的分析能力。

然而，本书的目的在于以优秀的侦探为楷模，培养青少年的多种能力，并学会运用多种知识解决复杂问题，使其成为社会有用之才。

你不一定要像柯南那样神勇机智，也不一定要像福尔摩斯那样料事如神。如果你想从课本以外的地方开拓思维、提高自己，那么本书无疑是你最好的选择之一。

图书在版编目（CIP）数据

越玩越聪明的探案游戏全集 / 孙瑾筱编著. —北京：中国纺织出版社，2014.5（2023.4重印）

ISBN 978－7－5180－0441－6

Ⅰ.①越… Ⅱ.①孙… Ⅲ.①智力游戏—青年读物 ②智力游戏—少年读物 Ⅳ.①G898.2

中国版本图书馆CIP数据核字（2014）第031150号

责任编辑：王　慧　　　责任印制：储志伟

中国纺织出版社出版发行

地址：北京朝阳区百子湾东里A407号楼　邮政编码：100124

邮购电话：010-87155894　传真：010-87155801

http：//www. c-textilep. com

E-mail：faxing@c-textilep. com

官方微博 http：//weibo. com / 2119887771

永清县晔盛亚胶印有限公司印刷　各地新华书店经销

2014年5月第1版　2023年4月第3次印刷

开本：710×1000　1 / 16　印张：12

字数：131千字　定价：36.00元

探案
Detective

Introduction

前言

本书共分为五个部分，分别为揭开神秘的面纱、巧妙运用智慧探案、神秘的数学王国、科学知识解开谜团、细节中探索真相。上百个探案游戏，带你走进案发现场，感受探案的神秘与惊险。让你在开动脑筋的同时，领悟到探案的乐趣。达到知识性、逻辑性、趣味性的综合运用。

爱因斯坦说："思维世界的发展，从某种意义上说，就是对惊奇的不断摆脱。"作为青少年，更应该培养各种思维能力。本书故事情节跌宕起伏，神秘莫测，你可以运用各方面的知识，解决疑惑；在解除疑惑之后，知识的深度与广度也会与日俱增。

侦探并不是天生的，也需要后天进行综合的培养，例如，专业知识、敏锐的洞察力、逻辑推理能力等。你一定也梦想过成为福尔摩斯那样的神探，拥有柯南的机智神勇，其实，在这片广阔的探案天地里，你可以带着自己的梦想，来侦破一道道扑朔迷离的案子，成为小小的侦探！

孙瑾筱

2013年10月于北京

目录

Contents

Chapter 1 第一章 揭开神秘的面纱

Chapter 2 第二章 巧妙运用智慧探案

Chapter 3 第三章 神秘的数学王国

Chapter 4 第四章 科学知识解开谜团

Chapter 5 第五章 细节中探索真相

探

Detective

Chapter1

第一章 揭开神秘的面纱

好奇心是探索知识的有利途径，尤其是对于青少年。你想探索这些问题背后的秘密吗？你想揭开它们的神秘面纱吗？你想知道古屋里面真的存在幽灵吗？不妨，带着好奇心仔细阅读一下吧！

1. 火光幽灵

20世纪中期，在墨西哥的东部，一幢古屋里曾出现了“幽灵”。

买下这幢古屋的主人想重新将屋子装修一下，于是便雇来了工人，正当工人们走进前厅时，猛然间，一个全身冒着火焰、身高一米八以上、手持匕首的“幽灵”出现了，工人们顿时吓得魂飞魄散，急忙拔腿就跑。

这座古屋为何出现“幽灵”呢？据曾经进入过这幢古屋里的人介绍：这所屋子建造的时间已经很久远了，大概有几十年了，当时的主人在屋里埋藏了大量的稀世财宝。后来主人去世了，没有任何人知道这些稀世财宝藏到了何处，成了一个谜。偷偷进去过的人只知道这幢屋子的墙上装着很多大镜子。

有一个考古学家对此充满了兴趣，曾打着手电筒进入这幢屋子，想探究一下原因，但他始终没有发现“幽灵”的存在。而有一次，进入漆黑的房间时，他什么东西都没带，过了不一会儿，他听见凄厉的叫声传来，接着看到一个蓝白相间的“幽灵”出现了。

考古学家胆子非常大，竟没有思考就向“幽灵”冲了过去，但是“幽灵”却消失了。黑暗中，考古学家似乎听到了什么东西被移动的声音，他的头好像被什么东西打了一下，考古学家感到非常奇怪，认为其中一定有隐藏的奥秘，于是请来了善于破案的费朗西斯侦探。

傍晚来临了，费朗西斯侦探像考古学家一样在漆黑的客厅里等待“幽灵”出现。果然如考古学家描述的一样，“幽灵”手持匕首在火光中出现了。费朗西斯侦探盯着“幽灵”观看，看到的似乎是一个身穿宽大衣服的高个儿男子。再仔细辨认，费朗西斯侦探顿时恍然大悟。他立即抓起身边的一把椅子朝前砸去，只听见一阵玻璃破碎的声音，“幽灵”随即不见了。

费朗西斯侦探从屋里出来，马上与警方联系，警察很快包围了古屋。不久，事情便水落石出了。

请问，聪明的读者，你知道古屋里的“幽灵”是怎么回事吗？

2. 草丛中的脚印

一个雨后的早晨，家具大亨艾布纳像往常一样到私家花园里散步。在走进花园前，他想思考一些生意上的事情，于是告诉管家不要让别人打扰他。

时间过得很快，已经到了午饭时间，艾布纳仍然没有出来。管家感觉有点不对劲，叫上佣人到花园里察看。他们惊讶地发现，艾布纳竟然死了！他倒在花园中央的草坪上，鲜血浸透了身边的草地，脸上充满着惊讶的表情。

“天啊！老爷你这是怎么啦？”佣人震惊得大叫起来，刚想跑过去查看，却被管家一把拉住了。

“先报警吧，我们应该保护现场！”管家说道。

警察们仔细察看，发现艾布纳已经死去两三个小时了，他的胸部被一把长刀横穿过去。而雨后松软的草丛里竟然发现仅有艾布纳自己的脚印！这就说明，在这段时间中，只有艾布纳一个人进入过草坪。因为泥地不同于雪地，大雪会掩盖一段时间前的痕迹，而湿润的泥土却会忠实记录下一切。

“我认为是自杀。”一个警察认真分析后说道，“如果是他杀的话，

那作案的恐怕只有幽灵了。因为艾布纳倒下的地方距离草丛边缘还有 4 米左右，即便把长刀绑在 4 米长的棍棒上，凶手的行动也会因此变得十分缓慢，艾布纳可以轻松地避开。"

听了警察的阐述，管家点头示意，他说道："老爷最近在生意上确实很不顺利，总是一副心事重重的样子。让人疑惑不解的是，这已经不是他第一次面对困境，我们都认为他完全可以渡过这次难关，谁知道，他会选择这种方式……"

正在这时候，侦探福尔摩斯也赶到了。他察看了警察的记录，又细看了看那把刀。

这是一把标准的日本武士刀，狭长的刀身没有任何弧度，刀刃锋利。突然，福尔摩斯发现了一个重要线索，他注意到刀柄上的护手不见了，刀柄的末端有一个小小的凹槽，他马上询问道："这段时间草坪附近还有其他人吗？"

"只有这名管家。"警察迷惑不解的回答，"可这与管家什么关系？"

福尔摩斯站起身，大声说："杀害艾布纳的凶手就是管家！"

聪明的读者，你知道福尔摩斯是如何推测出真凶，而管家又是如何行凶的吗？

3. 华尔兹背后的秘密

周末的下午，警方接到报案，一位英国商人在院子里一棵大树下的椅子上，不幸死去了。两个空啤酒罐和一些报纸仍然堆放在地上。

警察立刻赶到现场。管家指着尸体对警察说："主人在凉爽的树荫里一边看报纸，一边喝啤酒，不巧被毒蜂蜇了。你瞧，他胸部还有被毒蜂蜇过的痕迹呢。"

这里所指的毒蜂是非洲的一种蜜蜂，它的产蜜量要比普通蜜蜂的 3 倍还要高，让人感到畏惧的是，它的毒性非常大，一旦被这种蜜蜂蜇了，再强壮的汉子也会很快死掉，所以它被称为"杀人蜂"。

"大概是喝了啤酒醉醺醺地昏睡过去了，即使被毒蜂蛰了，也没来得及逃到屋里。难道这附近有毒蜂窝吗？"当警察对周围的环境仔细调查了一番之后，发现邻居的一家空房的院子里有一棵大洋槐树，树上有个很大的毒蜂窝，被密密麻麻的树叶遮掩着，挂在树枝上。

这时夕阳已经西下了，毒蜂都钻进了蜂窝里。警察轻手轻脚地走到近处一看，发现在另一个树枝上挂着一架美国制的微型录音机。

“谁会把录音机丢在这种地方？”警察小心翼翼地取下录音机，把里面的磁带倒回后一放，原来是盘音乐带。警察听了一会儿，突然想到了案情的答案，马上断定地说：“这个英国商人不是在院子午睡时偶然被毒蜂蜇死的，而是凶手巧妙地利用毒蜂作案的他杀案。”

说完，他又把录音机按照原样放回去，并隐藏在院子里的树丛中耐心地监视着。晚上 8 点多钟，突然闪出一个身影，接近洋槐树，要取下录音机。

“喂！不许动，你已经因杀人嫌疑被逮捕了。”警察迅速跳出来追上欲逃跑的罪犯并将其抓获。其实，这个罪犯是在被害人手下工作的一名当地人，由于贪污贷款行为将败露而作案杀人。

可是，尽管如此，这位警官为什么只听了一会儿音乐，就能果断地识破罪犯的诡计呢？聪明的你，猜到答案了吗?

4. 死亡之谜

亚马逊河是世界流域面积最大的河流，其长度仅次于尼罗河，被称为世界第二大河，经巴西流向东方的大海。在亚马逊河流的上游，有一片神秘的热带雨林。

一天，天气晴朗，一个昆虫学家来到这片热带雨林采集新的蝴蝶标本。在这里，他忍受不了酷暑的炎热，决定到亚马逊河支流的池塘里洗个澡。

他脱光了衣服迅速跳进河里，正当他痛痛快快地游泳时，突然传来一声惨叫，于是整个人全身瘫软，当即触电身亡。

令人奇怪的是，这是一块还未开发的处女地，既无输电线路，也无发电机。当时天空晴朗，万里无云，绝对不可能遭受雷击。

那么，他是触了什么电死亡的呢？

5. 细查杀妻案

西汉时，一位姓吴的人从外地刚回到家，发现自己的妻子在家被人杀害，而且头部也被割了，便立刻告诉妻子的娘家。妻子的娘家认为是女婿杀死了女儿，便告到官府。女婿在严刑拷打下只好自诬屈招了。

这时，有一位从事郡守的属吏感觉此案有疑问，心想：“做丈夫的，怎么可能会忍心割妻子的头呢？即使因感情破裂而杀害她，也一定要想出逃避罪责的办法，可以说她突然死亡，或者已经死了，而没有脑袋，只有尸体，其中必有隐秘之处。”于是请求另行查证，郡守也同意了。

后来从事想了一个办法，便很顺利地破了此案。

试问：他想的是什么办法呢？

6. 不翼而飞的戒指

一天，法国的一位富翁在巴黎城外的别墅里举行宴会。别墅里绿树成荫，百鸟齐鸣，好一片热闹的景象。客人们一边品尝美味佳肴，一边娓娓而谈，每个人都显得十分高兴。

这时，一位女客人去洗手间洗手时，不小心把钻石戒指放在了外间靠窗的桌子上，等到出来时，却发现钻石戒指不见了。

洗手间在3楼，门也是关闭的，没有任何人来过。别墅中的仆人都忠实可靠，何况，失窃之前并无一个仆人上过楼。再说窗子外面也没有梯子，难道小偷是从天而降的？

得知此事后，大富翁感到非常生气，认为这失窃一事又丢了他的面子。因为在他的别墅里，已经不是第一次发生这样的事情了，他坚决要查个水落石出不可，他拿起电话就准备报警。

这时，从宾客中走出一位中年人，他是一位动物学家。他听那位女客人讲了事情的经过，又听富翁讲了以前发生的两起失窃案件的经过，心中有数地说：“先生，你先不用报警，这件事让我来试试吧！”

这位动物学家在别墅四周转了转，发现别墅旁边的大树上，有鸟儿搭的窝。于是他指着这个喜鹊窝说：“派个人爬到树上，到喜鹊窝里查查看。”

一位瘦小机灵的仆人很快就爬上大树，

他将手伸到喜鹊窝里一摸，大声叫道："钻石戒指、项链、金耳环，都在这里呢！"

聪明的读者，你知道小偷是谁吗？

7. "毒"苹果

一日，丹尼斯带着律师达伦和一篮子苹果来到他的生意伙伴卡尔文的家中。他准备在律师的调节下，妥善解决两人之间合作中出现的经济问题。

卡尔文非常热情地拿起一把水果刀为他们削苹果。削完后他递给丹尼斯，丹尼斯没有接。卡尔文尴尬地笑了笑，又递给律师，律师达伦说自己从不吃苹果。卡尔文只好自己吃起来。这时，丹尼斯也拿起一个苹果削了起来。达伦看到丹尼斯的削苹果方式觉得很奇怪，原来丹尼斯是个左撇子，他削苹果的方式和别人有些不同。谁知，丹尼斯的苹果还没吃到一半，就倒下去了。

警察询问后，不禁感到很迷惑："他怎么会被自己带来的苹果毒死呢？"在一旁的达伦冷静地说："我敢肯定是卡尔文毒死丹尼斯的。"接着他描述了卡尔文削苹果的过程。经过警察的调查，最终证实了律师的话是对的。

你知道丹尼斯是怎样被毒死的吗？

8. 古堡里的神秘黑影

在印度，人们对浩瀚的塔尔沙漠中那座神秘而高大的古堡，总是感觉不寒而栗。这是因为在最近的几年时间里，凡过路的商人和马队夜宿古堡时，不听当地人的劝告，都一个个丢掉了性命。没有人知道古堡里的杀人凶手是谁，用的是什么凶器。

为了保证这里的居民安全，当局只好调来了全印度最有名气的警察和侦探，还未调查出结果，当天夜里也死在了古堡大厅里。经高明的法医验尸，却找不到死者死亡的原因。无奈之下，警方只好在古堡大门口贴下告示："过往行人夜间一律不准在此留宿。”

后来，英国著名探险家凯尔来到古堡，一心想探明究竟，探险队员全都荷枪实弹地进入古堡。待天亮警察赶来时，凯尔和他的人马已全部遇难，印度警方继而发出紧急布告：凡能破古堡疑案者，赏金一万卢比。

但布告发出后迟迟无人问津。一年后的一天，终于来了个白发银须、衣衫褴褛的乞丐，自称道格拉斯，他郑重地提出能破此案。警察局长将信将疑，只得吩咐刑侦科长：“派人盯着这个送死的老家伙，看他搞什么鬼名堂。”

刑侦人员发现那个老头买了一只猴子、一副渔网和一个大铁箱，这使经验丰富的警察局长疑惑不解。

夜幕逐渐降临，道格拉斯驾驶马车奔进那座令人望而却步的神秘古堡，眼前一片漆黑，古堡内万籁俱寂。老乞丐摸进凯尔遇害的大厅，他先给猴子注射了麻醉药，并将它放进渔网里。然后自己钻进铁箱，牢牢地抓住渔网的网绳。等待凶手的到来。

请问，老乞丐为什么要这样做？他能抓到凶手吗？

9. 最近的距离

老巴克是一名经验丰富的检查员，他主要负责检查入境旅客，无论走私品藏在何处，即使藏在汽车轮胎里或者木材里，他都能轻而易举地找出来。走私商人都对老巴克敬而远之，宁愿选择绕行也不愿从老巴克的辖区过关，只有布兰登除外。

布兰登每次都从老巴克的辖区经过，并且每次都主动配合老巴克的检查工

作。让老巴克奇怪的是，他担任检查员 20 年的时间里，从来没有检查到布兰登携带任何走私物品。

老巴克好几次几乎把布兰登崭新的宝马轿车拆散，每个零件都取下来详细检查，最终也只不过是一些随身携带的私人物品。布兰登不但不生气，甚至还上前帮忙，从早晨一直忙到傍晚，没有一句怨言。最后，还是没有检查出任何东西，老巴克毫无办法只好放行。

时光飞逝，老巴克即将退休。他希望可以在最后的任期里找到布兰登走私的秘密。

这天，老巴克最后一次来到检查站上。这时布兰登的银色宝马轿车也缓缓出现了。这次老巴克没有像往常一样开始严格检查，而是拍拍布兰登的肩膀说：

“布兰登，你真是个聪明人，虽然我知道你一直在走私东西，可就算翻遍整个车子我也找不出来。如果你允许的话，我很想知道你到底把东西藏到了哪里，20 年来我猜想过无数次，却始终找不到。我向上帝发誓，我这样问完全出于个人的好奇，绝对不会将你的秘密透露给任何人的。布兰登，满足一下一个老人的好奇心吧。”

布兰登对老巴克说：“其实说出来毫无价值，你只是没有想到而已。”

接着布兰登把嘴凑到老巴克耳朵旁边，轻轻说了一句话。老巴克先是惊愕地睁大眼睛，然后忍俊不禁地笑起来，他笑得那么欢畅，简直眼泪都快笑出来了。

聪明的读者，你知道布兰登把走私的物品藏在哪里吗？

10．深浅不一的脚印

一个严冬的早晨，积雪厚达 20 厘米，四周白雪皑皑，一片寂静。罪犯在自己家中杀人后，穿过一片空地，将尸体扛到邻居正在建造中的一所空房内，想通过这种方法转移杀人现场，把警方的视线转向邻居，他认为自己做的万无一失。然后他按照原路返回家中，拨通了报警的电话。

几分钟过后，警探的巡逻车赶到现场，他装作发现者的样子，若无其事地说："今天早晨，我本来打算去扫雪，于是到邻居家的空房里找推雪板，却无意间发现了一具年轻的尸体，着实把我吓了一跳。由于空房周围没有凶手和被害人的脚印，只有我一个人进出的脚印，所以此人肯定是昨天夜里下雪以前在空房里被杀的。"

警探听完他的话，查看了报案者往返现场时留在雪地上的脚印，马上厉声呵斥说："你在说谎，你就是凶手！"

请问，警探是如何识破他的谎言的？难道发现了什么证据吗？

11．"北星一号"的怪案

一天，布兹警长到好友私人侦探鲍伯家中，鲍伯一看好友一副愁眉苦脸的样子，关心的询问原因。

"警部，看你这脸色，难道是碰到没有头绪的案子了？"

布兹警长毫不隐瞒地说："你说对了，我这次来就是听听名侦探的高见。"

"这次又是什么案子呀？"

"万吨油轮上船医被杀的案子。"

这个案子鲍伯前几天已从报上得知了，报纸上叙述：万吨油轮"北星一号"满载原油，从波斯湾路经印度洋正在航行时，一天早晨，在船尾甲板上竟然发

现了船医的尸体，很清晰的可以看到他是被匕首刺中了后背。死亡时间推定在晚上 12 时左右。

“找到凶器匕首了吗？”鲍伯问道。

“没有，如此大的万吨油轮，想藏把匕首，哪里藏不下？”

“也许被凶手扔到海里了。”

“无论如何，案件发生在几天前，而且现场又是偌大的印度洋，事已至此，我们下手侦破也为时太晚了。”布兹警长显得有些悲观。

“可是，在航行中的船上杀人，是一种密室杀人啊，凶手只有用救生筏逃走，别无他法。”

“救生筏一只也没丢，而且船员一共是 40 名，一个也不少。”

“那么，凶手必在其中，有没有具备作案动机的人呢？”

“有两个人。”布兹警长从口袋里掏出笔记本边看边说道。

“一个是二等水手伯尼，他是个赌棍。出海期间，不是玩纸牌就是打扑克，光输不赢，曾向受害人借了近 30 万元的债。”

“受害人一死，这笔钱就没有追究吗？”

“嗯，恐怕是这样，但我们仔细查过受害人的随身物品，却找不到任何借据。”

“他借债的事其他船员知道吗？”

“大家都知道，听说在这之前船长曾经警告过伯尼，说如果他再这样赌，就让他下船。对于船员来说，下船意味着被解雇。”

“确实如此……那么另一个嫌疑犯是……”鲍伯感兴趣地问道。

“报务员凯西。他是受害人的外甥，也是受害人唯一的亲戚，由此看来，他是遗产的继承人。”

“被害人有多少遗产？”

“在郊外有一座很大的房子和一片空旷的土地。如果卖掉的话，是一笔可观的钱哪。”

“凯西手头拮据吗？”

“听说上个月在出海前发生了一次交通事故，现在正发愁怎样筹集赔偿费。”

“那么，他的杀人动机是非常充分的。”

“可是，仅有动机而没有物证是难以确定谁是凶手的。”布兹警长泄气地说。

“看你说的，证据不是很充分吗？”

“哦，什么证据？”

“就是尸体呀。”鲍伯肯定地答道。

请问，凶手是谁呢？理由是什么？

12. 迟开的牵牛花

早上，大阪城西的化工厂笼罩在熊熊的火焰中，到处都散发出灼人的热浪。经过消防队员一上午的奋战，大火终于被扑灭了，可化工厂堆放的很多易燃品也几乎化为灰烬。

后来，经过警方的仔细侦查，在火灾现场发现了明显的纵火痕迹，原来这并不是一场意外火灾，而是一起人为纵火案！经过多方调查，了解到农场科研人员查德和化工厂老板曾有过过节，两人差点为一点微不足道的小事打起来。而今天凌晨，一个拾垃圾的老太太说好像看见查德经过这里。

一定要找到查德！为了保险起见，警长请来了侦探克

拉伦斯助阵。

警长敲开查德的门问道：“你是查德吗？”

“是的，你们找我有什么事吗？”开门的是一个比较斯文的中年人，他戴着一副眼镜，穿着蓝色条纹的衬衫，一点都不像丧心病狂的纵火犯。

“我们来调查一起纵火案。请问今天凌晨大约4点，你在哪里？”

查德不慌不忙地回答：“当时我正在家里”，警长询问：“你是一个人居住吗？可以提供一下不在场的证据吗？”这时，查德把警长带进了屋子，拿出一叠照片说道：“正巧，我今天凌晨早起，拍摄我种的牵牛花开花的情景。牵牛花总是在凌晨4点左右开花，一个小时以后开花结束，这是我拍下的照片。”

警长仔细察看了这张相片，确实是今天凌晨拍摄的。他又核对了拍照用的相机，确定没有自动拍照的可能。

警长疑惑地问克拉伦斯：“牵牛花的开花时间确实如他所说的那样吗？”克拉伦斯点点头：“不错，牵牛花是一种开花时间性很强的植物，每天开花的时间确实如查德所说。从绽放到开花结束，大约需要45分钟。”

“这么说，这件案件可以排除对查德的怀疑了。”警长放下了手中的照片，“4点45分拍照才结束，而这时候火灾已经发生了，查德不在场证明是成立的。”

克拉伦斯微笑着摇了摇头：“不，恰恰相反，我觉得查德是纵火犯。”

“可是，他有不在场证据啊！”警长看着那些照片，有点摸不着头脑了。

聪明的读者，你知道查德是如何制造出不在场证据的吗？

13. 10分钟的距离

有一幢19世纪末建造的男爵别墅，它坐落在到处是树林的爱尔兰高原上。一天夜里，有个蒙面强盗偷偷潜入室内，将男爵夫妇用绳子捆绑起来关进厕所里，盗走了大量的珠宝。

接受调查这个案件的是亚尔维斯侦探，当他知道案发的前一天怪盗戴纳在伦敦滞留的消息后，猜想这个案件一定和他有关系，便马上来到戴纳下榻的伦敦饭店走访。

“戴纳先生，上周日晚上你去过爱尔兰高原的别墅吧？因为有人看见了，所以你想不承认是不可能的。”亚尔维斯说道。

“是的，我的确去过。出了什么事儿吗？”

“那天夜里男爵的别墅进去一个蒙面强盗，他抢走了男爵夫人的珠宝后逃跑了。你就是那个罪犯吧？”

“不要乱说！这件事是什么时间发生的？”戴纳一本正经地反问道。

“罪犯盗走珠宝的时候，用绳子把男爵夫妇捆起来，不知为什么又把他们关进厕所里。事后男爵说当时的时间是晚上 9 点零 10 分，他看了一眼卧室里的钟。”

“我不是强盗，如果是 9 点零 10 分，我有当时不在作案现场的证明。那天夜里我是在 H 车站乘 21 点 20 分的夜班车赶回伦敦的。从男爵的别墅到 H 车站无论如何 10 分钟是不够的。”

“噢！看来你对男爵的别墅还是很熟悉的。”亚尔维斯讽刺地说。

“去年赛马时应邀去住过一夜。”怪盗戴纳强打着笑脸说。

男爵的别墅离H车站有相当远的一段路，最近的路步行也需要30分钟，因此，戴纳从H车站乘坐21点20分发的夜班车如果属实，他不在作案现场的证明是成立的。

亚尔维斯侦探已经去过H车站，让车站工作人员看过戴纳的照片，证明他没有说谎。那天从H车站上车的旅客只有戴纳一人，并且列车员及车站工作人员对此印象都非常深刻。

“可是，戴纳先生，10分钟之内从别墅到H车站是有办法的。”亚尔维斯侦探说。

“那我是搭上一辆马车逃跑的。”

“不，对于你这个诡计多端的人来说，你绝对不会乘别人的马车。男爵的别墅里有一辆自行车，并且马棚里还有一匹马。”

“接下来你会说我使用了这两种工具的一种。如果那样，我就会把它扔到车站附近的什么地方。你找到这种工具了吗？”戴纳理直气壮地反驳。

“不，男爵夫妇一个小时后挣脱了绳索，出厕所去查看四周情况时，看到马仍在马棚里，自行车也放在原处未动。可是，马棚的门从里面是推不开的，只有从外面推才能推开。所以，戴纳先生，我已经清楚你作案的方法了。还是把偷去的珠宝如数还回去，否则我要报警了，那时就算你后悔也来不及。”亚尔维斯威严地说。

请问，怪盗戴纳用什么工具只花了10分钟就逃到了H车站的呢？

14. 守财奴之死

一个寂静的夜里，一声枪声打破了周围的宁静。原来是一个守财奴被人用枪打死了，他的尸体躺倒在保险箱旁边，这时，人们发现保险箱里的钱早已全部被抢光。足以让人致命的是死者胸部中两弹，但让人疑惑不解的是，凶手竟然用刀残酷地剖开了死者的胃。

难道凶手与死者存在什么深仇大恨吗？不这样做不足以泄愤? 但根据一般情况推测，即使这样，凶手也不需要剖开死者的胃，这样的情况实属罕见。

那么，你能想到凶手为何要剖开死者的胃吗？

15. 销声匿迹的 100 万元

伯格先生下班一回家接到一个陌生人的电话。只听见那人说“喂，你是伯格先生吗？”电话的那头是一个男人在问。

“是的，你是哪位？”

“你不必问我是谁。你的儿子安迪现在在我这里。你不必担心。你先准备好 100 万元的现金。”对方说完就把电话挂上了。

伯格先生吓坏了，他可没有遇到过这样的情况，他又不敢报警，只好等在电话边。一个小时过去了，没有电话；两个小时过去了，还没有电话；三个小时、四个小时都过去了，还是没有电话。

“滴铃铃……”电话总算来了。

“你准备好现金了吗？”

“好了，您放心。”

“你把现金用东西包好，装到皮箱里，今天晚上 11 点，放在纽约公园铜像前的椅子下面。”歹徒在电话里这样指示。

伯格先生为了自己心爱的儿子的安全，他只好依照歹徒的要求，把 100 万元现金装入黑色的皮箱里，放在纽约公园铜像前面的椅子下，然后悄悄离开了。当然，这附近在两个小时前就布置了几个便衣警察。

大约过了十几分钟，一个穿黑色风衣的年轻女郎走来，她迅速拿起椅子下的皮箱，毫不犹豫地离开公园。

走出公园，那个女郎拦住一辆出租车，坐了进去。此时，埋伏在附近的便衣警察立刻开车跟踪。不久，在地铁站的入口处，出租车停了下来，那女郎提着黑皮箱下了车。警车上的两个便衣警察也悄悄跟了上去。

女郎把黑皮箱寄放在地铁车站的寄存处，双手空空就离开了。两个便衣警察一个跟踪女郎，另一个则留下来继续监视黑皮箱。

只见这位年轻女郎来到地铁月台，她似乎意识到有人跟踪她，当地铁车门刚要关的时候，她突然跳了进去。跟踪的便衣警察没有办法上车，只好无奈地看着她逃走了。

她的同犯一定会回来的，因为黑皮箱还在地铁车站的寄存处，便衣警察心想。然而过了几个小时，仍然没有人来提取。警察感到很奇怪，他就向存物处的管理员出示了警察证件，让他们打开那个黑皮箱。

当警察打开黑皮箱时，才发现里面空空如也，现金 100 万元根本就不存在，难道销声匿迹了！

直到比尔探长来了才揭开这个谜。请问，100 万元现金到哪里去了呢？

16．完好无缺的锁

一天清晨，罗德里克警官刚到警局办公室，就接到一家企业财务部约翰的报案：保险柜被撬，丢失大量现金！

罗德里克警官立即带着助手赶到现场，只见保险柜门被扭裂，有明显的铁器撬击痕迹。可是令人感到更加奇怪的是，房屋的门窗都没有被歹徒启动、撬击的痕迹，门锁是把全新的铁制挂锁，完好无损，没有丝毫损坏。

罗德里克警官问约翰：“你打开的门吗？”

约翰认真地回答：“是的，每天早晨我总是最先来的。”

约翰继续说道：“我打开锁，开开门，然后把钥匙从锁眼里拔下来，对了，因为这只锁开启后就没有留钥匙的功能，所以我把锁挂在门环上。下班以后，

我总是最后一个走，得把门锁上后才放心。"

罗德里克警官更加奇怪地问："这把锁只有唯一的一把钥匙吗？"

约翰说："对，我们经理担心公司的安全，所以就把另一把钥匙熔化掉了。"

警官的助手嘟囔了一句："这样的做法很少见。"

这个案子让罗德里克警官感到奇怪。难道约翰监守自盗？可他有不在现场的证明。难道他把钥匙给了同伙盗窃？但他是经理的亲信，收入也很可观，最近还要高升，应该不会在这时自毁前程的，他很快否定了自己的猜测。

然而罗德里克到底是一位身手不凡、经验丰富的警官，他终于推断出罪犯的作案手段，最终据此查出了罪犯。

请问，罪犯是如何盗取现金的？他采用了哪些手段?

17. 孰是孰非

一天，县衙来了一个白发老妇来告状。她一上堂就哭得一把鼻涕一把泪，显得非常伤心。

老妇说，她的媳妇赵氏忤逆不孝，经常百般刁难她，平日里也不好好服侍她。今天老妇过生日，赵氏竟然只给做了一碗青菜萝卜汤，而她自己却躲在房里吃

鱼吃肉。婆婆愤怒之下，跑到县衙来，要求王老爷替她做主。

王老爷马上派人将赵氏带上堂来，惊堂木一拍，问道："赵氏，你为何忤逆不孝，不敬公婆，快快讲来！"

赵氏竟同哑巴一样，只知道低头呜呜地哭，不肯说话。

这样一来，王大人可就为难起来，看着婆媳俩都哭哭啼啼，他顿时感到束手无策。

王老爷灵机一动，想出了一个办法。他心平气和地对婆婆说："你媳妇不孝，实在不该。不过，本县身为百姓的父母官，却使百姓中出了如此不孝之人，实在也要负教化不明的责任。今天本县特意摆下两碗寿面，一来为你祝寿庆贺，二来希望你们婆媳和好，如何？"婆婆连忙叩头谢恩。

王大人让人在大堂上摆开一张长桌，搬来两把椅子，让婆媳两人面对面坐下，又亲自到后堂安排。

不一会儿，差役端上两碗热气腾腾的寿面，婆媳两人彼此看看对方，实在不明白其中的意思，再看看堂上的县官王老爷，正在笑眯眯地看着她们，只好端起碗吃了起来。

没过不久，王老爷就把案子断清了。请问，你知道他是怎样断案的吗？

18. 阿斯旺上的谋杀案

尼罗河——非洲大陆的母亲河日夜流淌。一天，一个渔民在流经埃及阿斯旺的水面上发现了一具尸体。

警察仔细检查了尸体，发现死者胸前有许多横七竖八的刀痕。警察详细询问了这个渔民一些情况，发现尸体的渔民说："应该是溺死的，最近已经不止一次发生溺水身亡的人了。”

“那尸体上怎么有伤痕呢？”

“可能是一些游艇的螺旋桨划的，谁又知道水底有死人呢？”渔民很无奈地说。

突然渔民被警察戴上手铐，说：“我以谋杀罪逮捕你！”

果然不出所料，助手们在渔船的舱底查出了一把带血的砍刀。原来，被害者正是被这个渔民害死的，之后又将他丢入尼罗河。

那么，班森警长是怎么判断出的呢？

19. 最好的证物

西里尔由于前几天被人骗了一笔钱，为了弥补损失，他在后海公园绑架了独自玩耍的贝齐，想勒索一笔钱。

贝齐是一个天真烂漫的小姑娘，她亲热地叫西里尔“叔叔”。还真诚地告诉他自己的情况。原来贝齐是一个私生女，她妈妈叫琳娜，是一个女招待，不仅生活贫困还严重缺少关爱。今天妈妈答应她陪她到公园里来玩，可是妈妈只

陪她到公园就走了，为此她伤心地大哭了一场，幸亏遇到西里尔这个“好心的叔叔”。

其实，西里尔本来是一个老实本分的人，绑架贝齐只是心血来潮。现在见贝齐这么可怜，这么纯真，一种犯罪的感觉不禁油然而生。为了宽慰那位失落的母亲，他想马上将贝齐送回家去。他向贝齐询问家里的电话号码，准备先打个电话过去告诉一声。

这时已经是深夜 2 点了，让人不解的是，接电话的竟然是一个男子，西里尔心中产生了疑问：单身女子家怎么会有男子呢？所以没有提起贝齐的事，想等到明天将贝齐送回家中。

第二天，报上登载了一则消息，消息中说道：昨晚琳娜被人勒死在家中，她的女儿贝齐也已失踪。警方认为是一场拐骗谋杀案，为了捕获那些拐卖孩子的凶犯，现在警方已经下了通缉令。

西里尔觉得自己涉嫌到一件重大的血案中，如果把贝齐送回家，岂不是自投罗网？为了排除自己的嫌疑，唯一的办法就是找到那个真正的杀人犯。

西里尔替贝齐洗衣服时，无意间他发现了一条男子用的手帕，上面还绣着 R.V 两个字母，更奇怪的是，那块手帕放进水里后，上面竟然出现斑斑驳驳的青紫色。

贝齐告诉西里尔：“这手帕是一个叔叔送给妈妈的，他经常和妈妈在一起。”昨天她在后海公园里时，妈妈就是被那位叔叔约走的。当时她很伤心的哭了，那叔叔就将手帕递给她擦眼泪。西里尔觉得只要查到这块手帕的主人，就可以破获这场凶杀案。

他又仔细观察那块手帕显示出的青紫颜色。凭借他在医药公司工作多年的经验，突然想起有一种用作肝功能检查的磺溴酞钠色素，在碱液中就会显出青紫色。那带有肥皂粉的水显然是碱溶液，那么手帕上如何弄上的色素呢？那个作案者很可能到医院检查肝功能，在注射时有少许色素的液体外溢，这个人就用手帕去擦拭……

西里尔到警局找到了负责这个案件的比尔探长，坦诚地说明了原委，并提供了掌握的线索，表明了将功赎罪的态度。

探长到几家医院去调查最近肝功能检查人的姓名，在其中的一家医院发现了一个瑞文的名字，缩写字母正是R.W。

比尔探长着手追查与琳娜接近的人员。琳娜长得很美，夜总会总是派她接待那些有钱的男子。跟她关系密切的人很多，其中就有一家公司的科长瑞文。探长分析他是个可疑人物。

比尔探长很快就将瑞文传来讯问，瑞文很世故，承认与琳娜的关系，但与谋杀案无关，尽管提供了自己不在场的证明，但他没有旁证。

西里尔在旁边拿出了那块手帕，探长问："这是你的那块手帕吗？"过了好一会儿，瑞文才讷讷地说："这块手帕又可以说明什么呢？"

探长仅仅说了一句话，瑞文很快承认了罪行。请问，你知道探长说了什么吗？

20. 钢琴键上的米勒

夏佐在一家美术公司工作，一天，他要到米勒家送一副画。到了米勒家，他发现米勒住所的大门是敞开的。恰在此时，他突然听见从屋里传来阵阵痛苦的呻吟声，他进去一看，不由惊讶万分，一个警员负伤倒在地上。

看到这幕景象，夏佐束手无措，负伤的警员忍痛发出微弱的声音："秘……密地道……逃走……了。"说着左手指向床底。夏佐发现警员指向的位置有一块板子，凶手大概是从这儿逃走的吧！

"掀……板开……关……米……勒……"说完，这名警员就

断气了。夏佐来到床底，想要掀开板子，但是他用尽力气也打不开。

“开关……米勒……他是否说在米勒的画像的后面有开关？”于是夏佐走到钢琴旁边，将画像拿下，看到粉刷得雪白的墙壁，还是没有找到开关。

正当他不知所措的时候，比尔探长来了。他突然灵机一动：“啊！秘密原来藏在这儿。”于是他顺利地找到了地道开关。

请问，你知道地道开关设在哪儿吗？

21．溺水身亡

富豪布莱克的住宅非常豪华，从其中的一幢房间可以看到海景。这天，他的好朋友丹尼尔探长想去看看布莱克先生。路上，丹尼尔给布莱克先生打了电话，告诉他大约半个小时后到。

一个小时后，丹尼尔准时到达，可在陈设奢华的客厅里等了大约10分钟，仍然没有看到富豪布莱克。

这时仆人贝克说：“老爷进去洗澡已经有一个小时了，会不会……”

丹尼尔探长撞开房门，发现布莱克先生正泡在浴缸里，已经去世了。从初步检查的结果来看，他是溺水死的，死亡时间大概在半个小时前。

警察赶到后对布莱克先生做了进一步分析，发现布莱克先生竟然是被海水溺死的！他的肺部有大量海水，却没有淡水残留。同时，整个下午只有仆人贝克一个人在家，没有其他人来过。

丹尼尔对警察说：“抓住贝克，只有

他有作案时间，他就是凶手！”

“不是我，真的不是我！”贝克拼命地摇头，“你打电话回来的时候老爷还接电话呢，从那时到现在只有30多分钟，可是从这里到海边却要一个小时！我就是坐飞机也来不及啊！依我看，一定是这宅子里出现了海鬼，在浴缸里杀死了老爷！”

丹尼尔探长仔细地察看了浴缸，发现经过一段时间后，浴缸边上有了一些细小的白色粉末，他回头冷笑道：“不用解释了，我早已经发现了你的雕虫小计？你就是凶手！”

聪明的读者，贝克是怎么在20分钟里完成“不可能的任务”呢？

探

Detective

Chapter2

第二章

巧妙运用智慧探案

智慧是我们战胜困难的法宝，因此，在探案中巧妙地运用智慧进行推理，可以帮助我们解除心中的疑团。智慧是一盏明灯，可以照亮你前面的道路，在迷茫中拨开迷雾。动动脑筋，思考以下的问题吧！

1. 智取指纹

迪夫是一位小有名气的私家侦探。这天，他收到一张寄自警察局的光盘。原来，警察局曾在本市发现了一名与正在通缉的诈骗犯长得十分相像的女人，近来似乎与某个黑社会集团接上了头，需要获得她的指纹来加以证实。

但是侦探跟踪她足有3个多月了，始终没有取到她的一点指纹。对此指纹鉴定专家们也产生了怀疑，难道真的存在没有指纹的人吗？可是在通缉犯的指纹档案中，又确实存有这名女诈骗犯的指纹。

迪夫根据线索很快就捕捉到了目标，并且这次机会不错。那个女人进了一家酒吧，迪夫也悄悄地跟了进去。他先找到一个容易隐蔽的地方，正好可以看到坐在柜台边的那个女人。

迪夫从始至终一直注视着她的那双手。那个女人喝完了那杯酒，放下杯子站起身来朝门外走去。迪夫赶忙走到女人刚才坐过的桌子边，趁别人都没有注意，用手帕将那个女人刚才用过的玻璃杯包好，揣进怀里，然后冲出门去想继续跟踪那女人。

女人出了酒吧后就招手叫了一辆出租汽车，走得无影无踪了。由于迪夫刚才用手帕包酒杯时耽误了时间，已经来不及追踪她了。

迪夫来到警察局，将他取到的“战利品”放在了指纹鉴定专家的面前。专家立即拿去鉴定，让所有人失望的是，玻璃杯上留下了很多指纹，却唯独没有那个女人的。

迪夫从警局里出来，在底楼大厅里，有一个漂亮的小姐正在推销一种无色指甲油。迪夫忽然想起那漂亮女人的手。顿时如梦初醒，他匆匆向警局走去。

几天后，迪夫化名为杰克打扮成服务生出现在一家旅馆，这是那个女人住的旅馆。

“服务生，我正在洗澡，但好像喷头坏了，你可以给我看一下吗？”嫌疑犯柔声对迪夫说道。

迪夫随着那女人进了房间，不到几分钟就把喷头修好了。

“啊，谢谢。”那女人递给迪夫20美元的小费。他接过钞票，用服务生的口气说道：“没什么，小姐，有事可以再找我，晚安。”

从那女人的房间出来，迪夫小心地将那10美元的钞票塞进一个小袋中，然后交给另一个扮成服务生的警察。

经鉴定，钞票上果然留有那个女人的指纹，与资料上的指纹丝毫不差，警方立刻逮捕了那个女人。

事后，警察局长问迪夫：“你是如何弄到指纹的？”

请问，你能猜到原因吗？迪夫会告诉上司什么呢？

2. 不认字的狗

明朝的宁王年轻时是个花花公子，他经常牵着丹顶鹤满街闲逛，而这只丹顶鹤的脖子上总是挂着块写有“御赐”两字的牌子。

有一天，那只丹顶鹤独自踱出门来，不幸被一条狗咬死了。宁王顿时暴跳如雷：“我这丹顶鹤可是皇上赏的，脖子上挂着御赐金牌，谁家野狗竟敢欺君犯上。”当即命令家奴把狗的主人捆起来，要给他的丹顶鹤抵命，于是被送交南昌知府。

祝瀚是当时的南昌知府，他知道此事后，对宁王的胡作非为很是不满。听说宁王府的管家前来转达宁王的“旨意”，不觉又好气又好笑，对管家说：“你写个诉状来，本府自当审理。”

宁王府管家递上诉状，祝瀚看过，从签筒中拔出令签，命令衙役捉拿凶犯到案。管家忙说：“不劳烦贵差，人已抓到堂下。”

祝瀚故作惊讶地说：“这诉状上明确写着肇事凶犯乃是一条狗，本府今日要大堂审狗，抓人来做什么？”

宁王府管家气急败坏地说：“那狗不通人言，岂能大堂审问？”

后来，祝瀚想了一个办法，就把这个案子轻松地判了。

请问，你知道祝瀚是怎样判案的吗？

3. 妙用木桶计

宋朝仁宗年间，河南洛阳城外有个姓田的人家，这一年发生水灾，在生活无计的情况下，弟兄俩便把旧棉袄、破衣服装进一只木桶里，两人抬着到外地谋生去了。

田家弟兄俩在外面苦干了好多年，挣了 50 两银子，还买了许多衣服，他们把银子裹进衣服里，然后装到木桶，用盖子盖严，准备抬着回家去。

这天，弟兄俩走到天长县，天已经黑了，于是只好住进天长县城一家客栈。到半夜，弟弟忽然感觉肚子疼痛难忍，哥哥就背着他到处找郎中。

天快亮时，弟兄俩匆忙赶回客栈，想取些银子付郎中医药费。不料，木桶被人翻过，藏在衣服里的 50 两银子不见了。

这间客房，只有老板娘和店老板来过，除了他们偷得，还会有谁呢？可店老板和老板娘说这弟兄俩存心敲诈。双方争论不休，最终只好来到县衙打官司。

当时，天长县县令为包拯。他叫人把那个大木桶抬到后院。他围着大木桶转了转，然后附着一个当差的耳朵边说了几句话，又回到大堂上。

包拯对店老板和老板娘说："依我看，是他们诬赖你们夫妇二人，现在我将那只大木桶判给你们，快到后院去抬吧！"

一会儿，包拯就把这个案子判完了，责罚了那对贪心的夫妇，并要求那对夫妇把银子还给了兄弟俩。

请问，包拯是根据什么判决的呢？

4. 白鹅的证词

一天，康熙和贴身的侍从到江南一带查访。他们来到集镇边的酒家饮酒。正喝得津津有味之时，忽然吵闹之声传入到院子里，康熙让侍从出去查看一下，侍从回来禀报说店主和邻居因为鹅的事情吵了起来。

原来，邻居将自己饲养的两只生蛋的母鹅放出来吃虫子。不想贪心的店主把两只鹅赶进自家的鹅笼。当邻居来索要时，店主不承认，故而二人吵闹不休。

康熙听罢，先问清楚店主和邻居饲养鹅的方式，最终了解到店主的鹅是笼养专喂白米饭的，邻居的鹅是放养在外面的。于是康熙便吩咐侍从找来四个竹笼，每个笼内铺上一张白纸，然后对店主和邻居说："你们两人口说无凭，没有证据。那么就让鹅来写下证词吧。"说罢，转身回到店内，

继续饮酒去了。

谁都不能猜透康熙的意思，心想鹅怎么可以写出证词，众人只好傻傻地站着看这鹅如何写字。

康熙喝完酒后，来到鹅笼前看了看说："两只公鹅是店家的，两只母鹅是邻居的。"

请问，你知道康熙是如何看出来的吗？

5. 智辨毒品

达内尔警官是 S 国缉毒部门的负责人，从一年前上任到现在，已经有数十名毒贩被他抓捕归案，现在 S 国边境地带公开的贩毒活动已经完全消失。

许多毒贩只好潜逃到和 S 国接壤的 R 国境内，他们把基地搬到了警备松懈的 R 国边境，然后每天派小股人马外出兜售，最后到 R 国境内成交。

他们知道达内尔的缉毒分队只能对自己国境内的犯罪活动进行打击，不可以越界抓捕罪犯。便和达内尔玩起了"猫和老鼠"的游戏。每当达内尔出动警员准备抓捕的时候，他们就立刻逃到 R 国，缉毒队员只能干着急，也不能去抓他们。

经过长时间的秘密策划，达内尔终于制定了一个代号叫做"袋鼠"的秘密行动。他们决定趁着夜色，迅速到毒贩在 R 国的藏身地点，把所有毒贩都一举缉拿归案，然后把所有的毒品都带回销毁。当然，这样的行动必须速度很快，否则惊动了 R 国的话，将引起外交上的麻烦。

这天夜晚，达内尔和缉毒队员们悄悄潜入 R 国境内，缉毒队员在不到两分钟的时间里，无一漏网地就把毒贩轻易抓获。

在关键时刻，查缴毒品却遇上了麻烦。毒贩们把毒品混进木头里，在整整7根大木头中，只有一根是挖空藏有毒品，可是在这7根木头中到底哪一根才是毒品呢？

毒贩非常清楚的一点即是：在有限的时间里如果没有找到毒品的话，是无法给毒贩定罪的，他们死活不肯说。一位下属提醒达内尔，装有毒品的木头一定比普通木头轻，其余6根普通木头都是一样重的，可以在现场用一块钢板和一个水泥墩做成简易天平，逐个检验，从7根大木头里挑出藏有毒品的一根。

这的确是一个不错的办法，可这时他们要尽快离开R国，不可能一根一根的测量。在紧要关头，达内尔稍微思索了片刻，便用最简单的方法完成了7根木头的比较，找出了藏有毒品的那根木头，顺利完成了任务。

聪明的读者，你知道怎样称量可以迅速的完成任务吗？

6. 祝枝山捉贼

明代四大才子之一的祝枝山，有一颗价值连城的夜明珠。

一天黄昏，夜明珠不小心被盗，奇怪的是，没有外人可以进入屋子盗取夜

明珠。于是，他把全体仆人叫到祠堂，祠堂里黑洞洞的，隐约可见供桌前面凳子上有一个钵子。

他说："大家应该都知道我有一颗夜明珠，却不知道我还有一个护宝的法器——察心钵。做贼的人摸了它，会立即被它黏住，并且大叫起来；而没有做亏心事的人摸了它，就感觉沁凉润指。"

他叫大家依次走过去摸这只钵，可直到最后一个人摸过了，也没有人发出任何的声音。

祝枝山吩咐仆人把灯烛点亮后，略一巡视，突然用手一指，厉声喝道："他就是那个贼！"于是命人把那个人抓了起来。经审问，果然不出所料，他就是偷走夜明珠的那个人。

请问，祝枝山是怎样作出判断的呢？

7. 冯弧变"马瓜"恶霸伏法

唐朝时，卫县大恶霸冯弧倚仗姐夫是朝内的吏部侍郎，无恶不作。

一次，他和别人下棋，由于输了棋，他一怒之下，竟把对方砸死了。此案告到知县张方那里。张方写了判处冯弧死刑的案卷，快速呈报到京城。吏部侍郎把此案接过来批道：此案不实，请张县主另议。

案卷被退回之后，吏部侍郎又暗暗给张方写信，说明冯弧是自己的小舅子，希望他从轻处理，将来保举张方晋升高官。张方看后十分愤慨，又把案卷呈报上去，几日后仍未回应，依旧退了回来。

张方清楚的知道吏部侍郎有意包庇冯弧，如果继续这样呈报，结果仍是不会批准。于是他绞尽脑汁想了几天，终于想出了一个办法，使吏部侍郎批准将冯弧斩首。

请问：张方想了什么办法呢？

8．“神米”破案

一天，乾隆和侍从扮成普通人出了紫禁城。俩人玩得正高兴时，突然，他们被不远处的吵闹声吸引了，只见珠宝铺的店老板揪着两个人正要去见官，三个人拉拉扯扯的。

仔细一听，原来是珠宝铺刚才丢失了一枚玉佩，店老板认定是这两个人中的一个人偷的。

这两个人中，一个人是破衣烂衫的，好像讨饭的；另一个则是一个旗人，穿着体面。他们都说自己没有偷玉佩。

乾隆上前拦住了店老板，他告诉老板自己能够帮助找出小偷。乾隆说他有一种神奇的米，只要犯罪的人含一口米，再吐出来，米就能变成刀的形状。大家都议论纷纷，充满好奇的观看着还真不知道天下有这样的神米。店老板也同意这样做，不管结果如何试一下也无妨。

于是，乾隆命令侍从拿来了“神米”，要求每人口含一把，然后吐出来。只见破衣烂衫的人很快吐出了所有的米；而那个旗人却吐了半天，也没吐干净。

乾隆玉扇一指旗人，说他就是小偷。

你知道乾隆是根据什么判断那人就是凶犯的吗？

9. 银两依然在

一日，郑板桥乘舟进省参督，船行至昌乐城郊时，他看看天色已晚，便吩咐停船宿夜，他一个人在灯下独斟自饮。

这时，突然传来一个声音，原来是船家高呼“有人投水”，他不由得一惊，忙命人搭救。一会儿，随着一片“哗哗”的水声，那人已经被救上了船。

郑板桥便把落水者唤到舱内盘问，那人哀叹一声说：“没有办法弄清楚我的冤情了，回去也没办法交代，还不如一死了之。”

郑板桥听罢，感到非常奇怪，让他详细的把情况叙述一遍。那人便禀道：“小的是淄博昌泰绸布庄的一名伙计，名字叫赵旺，我是奉掌柜之命来这里收账款。哪知昨晚投宿于昌乐升平客栈，寄存在账房里的一袋银两却被调了包，回到店里，老板一定不会相信我的话，我家里穷，赔不起啊。”

郑板桥问：“你为何不向官府报案呢？”

赵旺说：“我到昌乐县衙去告了状。唉！都怪我不好，旅店人多嘴杂，所以我在寄存时只说是一袋铜钱，实际上里面装的全部都是银两。店主人开给我的也是一袋铜钱的票据。县太爷问了其余的旅客，他们也作证说我寄存的是一袋铜钱而不是一袋银两。现在，没有利于我的人证和物证，我是有口难辩呀。”

郑板桥听完后，便对赵旺说：“你暂且到后舱好好地睡一觉，明天我带你去昌乐县，再由我来亲自审理这个案件。”

翌日，郑板桥立刻传令差役，要求把升平客栈的店主和全部旅客都带到堂上来。一会儿，差役回禀：“除店主妇看家外，其余的人都已带到。”

郑板桥一拍惊堂木，厉声对店主喝道：“赶快把调换银子一事从实招来！”

店主大声呼冤，旅客们也跪下来替店主申辩。

郑板桥微笑着说："我自小学过阴阳八卦，懂得奇门遁甲，我会有办法来验证的。"他叫店主把手拿过来，提起朱笔在店主手心上写了个"银"字，随即命店主跪到太阳底下张开巴掌晒。

他说："如果你偷换过银两，那么经太阳一晒，那'银'字自会退色掉落；你要是没有调换过，'银'字会仍然还在。"

大家都感到十分奇怪，不知这位县太爷葫芦里卖的到底是什么药。很快，郑板桥就破了此案。

请问，郑板桥究竟用什么办法让店主夫妇承认了事实？

10. 抉择

一天，三个人之间拉拉扯扯吵到县府里，原来是两个男子和一女子，后边还跟着一对老年夫妇。县太爷一问，才知道这是一桩婚姻纠纷案。

事情是这样的：这女子与其中的一位男子从小青梅竹马，长大后结为夫妻，婚后，丈夫去各地经商，接连几年没有回家，杳无音讯。这个女子得不到实情，

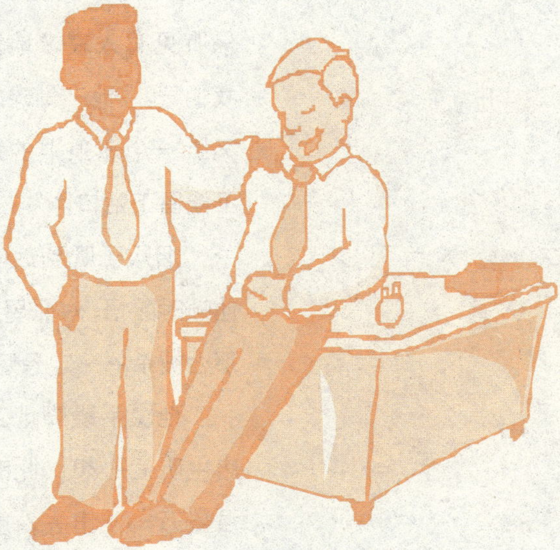

心中不免万分牵挂，她决定宁愿一辈子等自己的丈夫归来。

这时，另一个男子用金钱买动了该女子娘家父母的心，强硬要求把这个女子娶过去。巧合的是，这名女子刚被娶去不久，她的前夫竟然回来了。前夫见此情景，无论如何也要讨回妻子不可。

这时，第二个男子新婚刚过，说什么也不答应。两人便一同去找这女子的父母，作为父母也想不出好的办法。最后只好求县太爷公断。

县太爷听罢案情，不问其他的，首先询问了这女子的父母，两个男人说的是否都是真情。老两口连忙点点头。县太爷又细细打量这两个男人，你争我吵，彼此互不相让，那女子夹在中间只是啼哭。县太爷经过询问，看出那女子分明与前夫情深，为了成全他们俩。一时之间，他想出了一个主意。

请问，你知道县太爷想出了一个什么主意吗？

11．沉重的木箱

宋朝时，梁山脚下有个临山客栈，生意非常好。一天傍晚，一个 30 多岁的烟贩子住进客栈的一间小屋，屋对面住着两个木匠和几个抬着箱子的大汉。

烟贩子睡到半夜，忽然被对面的一阵哀求声和哭声吵醒，他仔细地听了听，只听见有人哀求地说：“大爷，饶了我们吧。”他一骨碌爬起来，侧耳静听，又听一个恶狠狠的声音说：“不行，不能留下活口。”

烟贩子听到后吓得全身冒冷汗，他顿时醒悟，对面屋里的大汉是强盗，那么被杀的一定是那两个木匠了。

他蹑手蹑脚地跑去和店主商量。店主听后心想，此时深更半夜，这伙强盗万一冲出去，就不容易找了，不如等到明天再说。他就对伙计们说："先不要惊动这些人，明天我在院门口收房钱，你们看见出来的人数少了，一定要立刻出来抓住他们。"并且一再嘱咐那伙人是5个，加上木匠一共是7个。

次日一早，店主人坐在院门口，眼睛盯着那间屋子。一会儿，房门打开了，那群人收拾好行李，抬着箱子，从屋里走了出来。吩咐店主人结账。

店主人看看这些人，默默地一数，正好5个。店主人问道："屋里还有人吗？"一个大汉说："有呀，还有两个木匠！"话音未落，两个木匠背着书包，拿着工具，走了出来。

店主人被眼前的景象弄糊涂了，回头看看身后的烟贩子，烟贩子也很奇怪：自己昨天夜里明明听得清清楚楚，两个木匠被杀了，怎么今天又冒出来了？

请问，你能猜到这是什么原因吗?

12. 两匹细布

一日，李君与酒庄老板钱子贵扯拽着来到县衙告状。

李君诉道："小民李君，主要以贩布为生。前天钱子贵到我处取走两匹细布，说好今日付钱，谁知今日我来收账，他竟矢口否认说不曾拿我布匹。小民的生意薄本小利，经不得讹骗，求老爷为小民做主。"

钱子贵反唇相驳，两人在范知县面前各执一词，互相斥骂。

范知县一拍桌子，喝令他们禁声。待问过两人详细情节后，掷下捕签，大声对李君道："大胆刁民，自己贩布折本，竟敢诬告他人，讹诈银两。你告钱子贵骗你布匹，契据何在？可有证人？分明视本公堂如儿戏，将刁民李君押下，听候发落！"

说罢，范知县走下公堂，来到钱子贵面前，和声地对钱子贵说："钱老板受惊了，刁民李君素不安分，本县一瞧便知其非善良之辈，此番定重责不贷。"范知县与钱子贵老板攀谈起来，言语间甚是投机。

这时，范知县见钱子贵胸前露出一副银牙签，便道："本官早有心打造一

副牙签，终因无此物样，难以如愿，今借钱老板此牙签仿造一副，是否允许？”钱子贵忙说：“老爷见外了，请随意仿制打造。”

结果，范知县就靠这一副银牙签，便破了此案。

请问，范知县是怎样破案的呢？

13. 老驴识家

据说包拯去陈州放粮时，路上经过一个小镇，正看见一老一少在集市上扭打。包拯便让马汉把两人带来询问，两人来到包拯面前，双膝跪下，各自诉说自己的情况。

这个少年声称自己名叫张达，由于母亲生病，无钱医治，最终便把家里养的毛驴牵到集上去卖。到了集上，他便把毛驴拴在一棵树上，然后去厕所解手。谁知出来时，毛驴就不见了。他焦急万分，连续找了两天都没找到。等到第三天时，他再次来到集上，看见一位老汉牵着一头驴，仔细一看，这头驴正是他家的，便上前去抢夺。老汉不给，两人就这样打吵了半天。

张达流着眼泪说：“大人，我家全靠卖这头驴给我母亲治病呢，请大人一定替小民做主。”

一旁的老汉说："小民牛顺来，这头驴我已饲养两三年了，这个年轻人硬说是他的，这不是大白天说梦话吗？"

包拯听了，仅思考了片刻，问道："你两家距离这里有多远？"

牛顺来说："我家住梨树湾村，离这儿有十一里地。"

张达说："我家住在张家村，离这儿有六里地。"

包拯听了，说道："你俩在此候审，我自有安排。"过一会儿，案子就侦破了。

请问，你知道包拯是如何破的案吗，他是怎样安排的呢？

14. 借刀杀人

一天，胡六在路上碰到了打过官司的陈文，两个人冤家路窄，碰面后先是口角之争，后来竟然扭打起来。当晚夜里，胡六竟口吐鲜血，一命呜呼。

翌日清早，胡六的妻子孙氏就到县衙门状告陈文把胡六打伤致死。县官命仵作（相当于现在的法医）验尸，发现尸体青肿。传来陈文讯问，陈文供认路遇胡六后两人扭打，不过胡六也打了自己。

胡六打过陈文，却没有造成什么严重后果，我们知道的事实是陈文打伤了胡六，最后死亡，那当然是陈文的罪过了。县官以为事实既然已经查清，陈文伤人就应该抵命，判了死罪，收监暂押，只等批复下来后，秋后处斩。

这天晚上，卫公审阅下级呈交的案件，看了陈文打伤胡六致死一案的材料后，发现了几个疑点：验尸单上明确写的是尸体浑身青色，难道殴打的伤痕会遍及全身吗？

胡六是在家吃过晚饭，到了半夜才死亡的，还是被打后独自回家时，几个小时过后突发的呢？看来其中必然有诈，陈文很可能受了冤枉。

那么到底谁是真凶呢？这可是人命攸关的大案，卫公决定亲自明察暗访。

通过调查，胡六的邻居提供了一个重要线索：在胡六死的几天前，夫妻俩曾经为一只男用香囊发生过口角。胡六责问妻子："这香囊是谁的？怎么会放在你的房内？"

孙氏起初闭口不语，经不住胡六的威吓，最后她终于说出了真情："这是胡信的。"

胡信是胡六的侄子，30 多岁，游手好闲，不务正业。自从胡六夫妇因香囊吵架后，胡信便消失的无影无踪。

卫公询问那验尸的仵作。仵作当时也觉得有问题，胡六不像受伤而死，却像是中毒身亡。

"那么，像是中什么毒的迹象呢？"卫公追问道。

仵作想了一想，回答："好像是砒霜中毒。"

卫公又查询了县里的不少药店，终于查到一家药店的老板与胡信相识。老板道："前几天，胡信说家里老鼠成灾，买了一些砒霜去药老鼠。"

卫公心中有了底。如果逮捕了孙氏，胡信必定不再露面，逃之夭夭。那么，如何引蛇出洞呢？

这天，县城里街头贴出告示：斗殴杀人犯陈文明日午时砍头示众。第二天午时三刻，刽子手手起刀落，"陈文"身首异处。

第二天，卫公便宣布破了这个案子。

请问，你知道卫公是如何破的这个案子吗?

15. 凶杀案中案

西汉末年，安徽有个叫郭全的人，他只身一人来到浙江温州谋生，只有一个远方侄儿郭成，从家乡经常来看望他。

一天，邻居们觉得有一段时间没有看见郭全了，于是便结伴去找。来到屋前，喊了几声却没有人回应。大家推门进去，顿时惊呆了：郭全尸体横躺在床上，被人割掉了头，血淋淋一片。大家一看郭全被杀，顿时慌乱，不知道该怎么办。

其中年纪稍大一点的老人提议说："人已经死了几天，凶手早就不知去向了，告官也来不及了，反而会给大家惹上麻烦，不如把他埋了，也算积点德。"于是大家凑了点钱，把郭全埋葬了。

过了几天，郭成来看叔叔，找不到郭全，便找到乡邻打听。邻居们怕他难过，就骗他说："你叔叔得急病死了，我们已经把他安葬了。"

郭成一听，号啕大哭，泪如雨下。在大家的劝慰下，郭成又买了一些纸钱，亲自到坟墓上祭奠了一番。

第二天，郭成告别乡亲们就回去了。过了一个月，他又回来了，并带了一点钱，办了一桌酒席，邀请的人都是当日为郭全操办丧事的邻居们。

郭成首先感谢大家安葬叔叔的大恩大德，表示将没齿难忘。接着鼻子一酸，流着眼泪说："我叔父孤身一人在外多年，如今死在温州，孤魂野鬼的

也没家人祭祀，我想把他的尸骨移回家乡安葬。今特意备点薄酒，感谢各位乡邻的帮忙。”

郭成又问众人：“我有一事相求，想亲眼看看叔父临死前穿的是什么衣服？若是不行的话，我就给叔父做一套新衣服。免得回去以后，长辈们骂我不孝。”

大家一看郭成要开棺，心想坏了，如果郭成看到他叔父是被人杀死的，那可就麻烦了。大家纷纷劝说郭成，但郭成执意要开棺不可。无奈之下，大家只好打开棺材顶盖。

郭成看到叔父的头并不在棺里，非要告官不可。邻居们心想，事情已过去这么多天了，如果找不到凶手，在场的众人怕是有口也说不清。大家都想息事宁人，愿意凑点钱给郭成，求他别告官。郭成开口就要 50 两银子，众人一时凑不出来，迫不得已，只好让郭成告到县里。

县令叫邻居们来问了半天也问不出结果，一怒之下，大刑伺候。众人受刑不过，被迫招供合谋杀死了郭全，县令要他们交出郭全的首级，众人却又交不出来。没有首级便无法结案，此案便拖了下来。

没过多久，原县官卸任，新调来一位姓李的县令。李县令翻阅往日案卷，觉得此案疑点很多，便决定重新提审。

他问众邻居：“你们怎么知道死者是郭全呢？”大伙回答说：“我们当时

都见死者身上穿的衣服是郭全的，就以为是郭全。”

李县令又问：“除衣服以外，你们有没有发现其他特征？”大伙都说没有。

这时，县令一脸严肃，一拍惊堂木，怒喝道：“此案可以了结了，凶手就在堂下！”

请问，你知道凶手是谁吗?

16. 真假田契

一日，乾隆皇帝和几个侍从下江南。他们来到一个村子，只见一群人围在一起吵吵闹闹的。乾隆上前一看，原来是王赫和刘志正在吵架，起因是，王赫说刘志把他的田卖给自己了，而刘志抵死不承认卖田一事。

乾隆问道："休得喧闹，王赫，你说刘志一年前就将地卖给你，是否有证据？"王赫忙说：“当然有。”

“你不如拿出来给乡亲们看看，也好做个凭证。”

“拿就拿。”说完，王赫从怀里拿出了一张田契。

“乡亲们，这张田契完全是伪造的，我从未写什么卖田契约。”农民刘志赶紧喊冤道。

乾隆做个手势，示意刘志不要吵闹。然后他仔细地看了看那张田契。沉吟半晌，突然“嘶啦”将田契一撕两半，笑道：“这田契是假的。王赫，你伪造田契，霸占别人土地，该当何罪？”

那么，乾隆是如何判断出田契是假的呢？

17. 撒谎的偷吻者

某个夜晚，一个国王为女儿过生日，于是他在王宫里举行了一个盛大的晚会。就在人们玩得高兴之时，突然来了一次短暂的停电。黑暗中，公主感觉到有一个男的趁机抱住她，轻轻偷吻了她一下。惊吓之余，她不禁大声高叫起来:“哎，谁这么没有礼貌？”

电灯亮了，王宫的侍卫也过来了。对此，席间的五位单身男子的反应分别是这样的：

一位年轻的公爵说：“怎么了？公主殿下，有人非礼你吗？”

一位风流潇洒的诗人说：“我刚刚站起来时，只不过不小心碰了一下您，这样不算是非礼吧。”

一位贵族说：“公主殿下擦的香水真是太迷人了，因此……”

一位邻国的王子有点儿气愤：“哼，谁这么流氓，竟然趁停电偷吻您，太不像话了。”

一位绅士说：“简直有失绅士风度！”

公主突然明白了什么，突然指着一位男子说：“你就是那个流氓。”

请问，这位偷吻公主的男子究竟是准？

18. 咖啡杯里的破绽

一天上午，一对夫妇进了一家珠宝店。丈夫穿一身华贵的西服，手上拿着一个不锈钢保温杯，夫人则身穿时髦的长风衣，两人看上去都非常阔气。

原来，今天是他们的结婚纪念日，因此，丈夫打算挑选一些首饰送给夫人。店员充满热情地为他们介绍了最近正在优惠的几个品种以及各种款式后，那对夫妻商量了一下，决定先试戴看看。

紧接着他们出示了一张贵宾卡，这是极少数顾客才持有的卡片，标志着顾客的诚信和地位。于是，店员为他们提供了单独的试戴间，根据他们的要求将珠宝送进去给夫人试戴。

这对夫妇在店里待了整整一个上午，柜台里的一半珠宝差不多都被夫人试过了，最后，他们决定购买一对手镯和一条项链。

就在收银员准备为他们结账时，一个店员忽然注意到站在丈夫身后的夫人表现得好像非常紧张，捧着不锈钢保温杯的手一直在微微颤抖。丈夫笑着解释说，夫人的身体最近不太好，主要是神经方面有点病症，大夫嘱咐每隔 1 个小时必须吃一次药，所以才会随身带着杯子。他出示了口袋里的药物，接着打开杯子给店员看，杯子里装着满满的一杯咖啡。

夫人向店员微笑着表示歉意，同时又喝下一口咖啡，证明这里面的确仅是咖啡而已。店员有些迷惑不解，她总感觉有些不对劲的地方，可一时又不知道哪里有问题。这对夫妻持有贵宾卡，要对他们进行搜查是不可能的。何况负责

接待的店员也没有发现珠宝被盗，如果要求检查更是毫无道理。

正在这时，丈夫取出一片药递给夫人，夫人则接过药片，用咖啡送下。接着，丈夫拿出信用卡，准备付钱。这时，店员突然想到了答案，她毫不犹豫地报了警。

经过检查，警察在装咖啡的杯子里找到了5件珠宝，而这些珠宝都是他们用赝品替换下来的，而贵宾卡是伪造的。大家都对店员的聪明细致赞叹不已。

聪明的读者，你知道店员是怎样看出破绽的吗？

19. 落款时间的差异

汽车大亨库顿由于心脏病发作，抢救无效而去世。他的离世，使得整个库顿集团的继任掌管者的竞争更加激烈起来。库顿的三个儿子吉尔斯、大卫和米萨都来到集团总部，等待律师宣布遗嘱，确定谁将最终成为这个庞大企业的总裁。

律师看到人都到齐了，他当着兄弟三人的面，拆开一份密封完好的文件，里面是老库顿的亲笔遗嘱："假如我因意外事件死去，库顿集团由吉尔斯掌管。"落款时间是2001年11月30日。

听完之后，米萨恨得牙痒痒，却也无可奈何。吉尔斯有些惊讶。突然，小儿子大卫站起来说道："稍等一下，我知道父亲在这份遗嘱之后又重新订立过一份遗嘱，根据法律，遗嘱内容应该以最后一份为准。"

"真的？"米萨一下子来了兴趣，他连忙追问，"后面一份遗嘱放在哪儿了？"

"到了家里就知道了，它就放在家里客厅的保险柜里，我们现在就一起回去看看吧。如果两份遗嘱内容一致，那么公司就可以归吉尔斯管理。一旦两份遗嘱内容不一致，那么我们就按照后面的一份遗嘱内容办。"大卫回答道。

于是，一行人驱车来到库顿先生的别墅。走进客厅，大卫取下挂在墙上的一张油画，映入眼帘的是一个嵌在墙中的不锈钢保险箱。他打开保险箱，取出一份密封完好的文件。

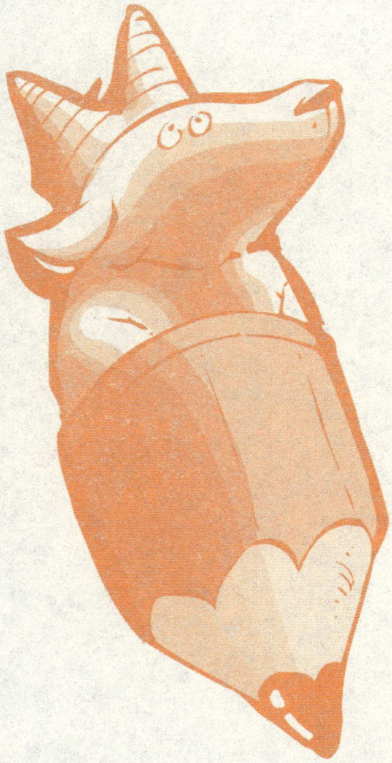

大卫当着大家的面打开文件，上面的文字是由老库顿亲笔写的："我决定用这份遗嘱，推翻以前所立的一切遗嘱。我去世后，由大卫掌管库顿集团。"落款时间为 2001 年 11 月 31 日。

米萨的希望再次落空，他暴跳如雷，十分气愤地说："不行，我坚决不承认！你们一个伪造遗嘱，一个买通律师，只有我最老实，所以我最吃亏！"

大卫得意洋洋地说："你不承认也没办法，父亲就是这样分配的，如果你感觉不公平可以自己去找他理论。"

这时，吉尔斯笑呵呵地说道："大卫，你知道爸爸为什么没有把公司留给你吗？你很有经营头脑，可办大事的时候总是糊里糊涂，这遗嘱一看就知道是你伪造的！"

聪明的读者，你觉得大卫手里的遗嘱是真的，还是伪造的呢？

20. 无言的母爱

明朝一户人家，内弟和姐夫同在一个私塾里读书，娘家弟媳和姐姐同时怀了孕，不久，内弟和姐夫又相继得病死去。十月怀胎，弟媳和姐姐又同时生了孩子，一个是男孩，一个是女孩。满月后的第三天，弟媳来县衙告状，说婆家姐姐在回娘家时把自己的女孩换成了他的儿子。

知县孔铁林接案后，连审两堂也没问出头绪来。双方互不相让，并且证人都分别证明二人生的是男孩。

这下可真让知县犯了难。这天夜里，知县突然想出了一个好办法，他告诉侍从要求明天晚上再审。

第二天晚上，月色朦胧，孔知县端坐在西花厅上，紧靠花厅的栏杆外边就

是一个半亩大的荷花塘。被告、原告和证人带到后，双方还是各执一词，孔铁林被吵得心烦意乱，一甩袖子，回内室去了。

花厅上众人面面相觑，顿时鸦雀无声。这时，知县夫人走出来说："为了这个男孩，老爷都惹烦了，想必是这个孩子长得姣好，才争成这个样子。不如让我看一看。"说着，就从姐姐怀里接过孩子，抱进了内室。

片刻，孔铁林走出来继续问案，依然问不出什么名堂来。他一时火冒三丈，手执惊堂木，在案桌上拍得"啪啪"震天响。

正在这时，佣人把小孩抱出来了，说是夫人已经看过。孔知县随手接过来，怒气冲冲地指着孩子道："都是因为你这乳臭未干的小儿，累得我连审两天，还未问出结果，像你这种孩儿，只会白白给大人添烦恼，要你何用！"

说罢，两手一扬，就把小孩子扔进了荷塘，只听"扑通"一声，那小孩子在水面上蹿了两蹿，就沉下水底。知县的这一做法，顿时吓呆了原告、被告、证人和衙役，花厅里立刻乱起来。

姐姐跑到塘边，忙捶胸顿足地呼叫起来："快救命啊，赶紧捞人！可别淹坏俺的孩子哟！"而弟媳妇一听见响声，就疾步蹿到塘边，"扑通"一声和衣跳进荷塘，扑到水里去救孩子。

案子就这样轻松地破了。

聪明的读者，你猜到哪一个是孩子真正的母亲吗?

21. 藏在叶子下的古币

鲍里斯探长接到他的朋友——收藏家艾伦的电话，说有一枚稀有的古金币要拿到市场拍卖，为了保证安全，邀请探长陪他一起去。

探长下午如约赶到，想不到呈现在眼前的竟是艾伦的尸体。探长仔细观察了他的伤口，发现艾伦是被钝器击中，推测死亡的时间应该不到半个小时。

探长翻转艾伦的尸体，发现在他上衣的翻领上有一枚红色的三叶形徽章，徽章后面有一样东西闪闪发亮，仔细一看，原来是那枚稀有的古币，正藏在徽章的夹层中。他将金币放回原处，又把尸体脸朝下翻回原状，若有所思地凝视着死者身上外翻出来的衣兜。

当他正察看这位独居死者的厨房时，艾伦的侄子凯希走了进来，见状惊问是怎么回事。探长从碗橱里取出一个茶叶罐，打开盖子让凯希拿着，自己则边从罐中一边取茶叶，一边说："今天早上，你叔叔给我打电话叫我下午来陪他到市场拍卖一枚古金币，很明显，凶手抢到我的前面。看来凶手是搜遍了尸体，

最终仍旧一无所获，实际上你叔叔并没有把金币放在衣兜里。”

探长停顿片刻，将一壶水放在炉子上说：“你替我把它拿出来吧，它就藏在叶子下面。”凯希立即放下手中的茶叶罐，离开厨房。过了一会儿，他从叔叔身上找到了这枚金币。

“为何谋杀你的叔叔？”探长厉声责问凯希。

请问，探长为什么认为凯希是凶手呢？

22. 留下一人

唐朝时，在洛阳城里有一个客栈叫四海客栈。这天，店主王贵的妻子回了娘家。恰好张卫、刘青等人投店住宿。半夜，有人用张卫的刀杀了王贵，作案之后又把刀放回原鞘，张卫并未察觉，第二天清晨就起身出发了。

天亮之后，店里人见王贵被害，就把张卫等人追回，查看张卫的佩刀，只见鲜血淋漓。张卫顿时瞠目结舌，有口难辩，被送到官府。重刑之下，只能屈招。

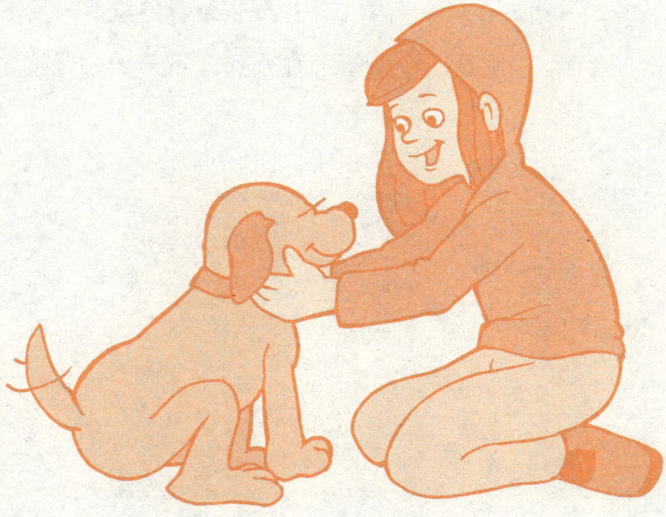

案件报到朝廷，朝廷委派蒋常复查。蒋常下令把当夜在店的人都集中起来，接着又以人数不足为借口把他们全部放掉，最后只留下一个老妇人。这样反复两天，凶手就被抓到了。

请问，你知道蒋常是怎样断案的吗？

探

Detective

Chapter3

第三章

神秘的数学王国

数学中囊括着很多奇妙的公式、定理，并富有挑战性。其实，每一个小小的案子都是一个神秘的谜，我们要运用数学的神奇力量，激起自己的兴趣，进而不断解决问题。快来锻炼一下你的思维能力吧！

1. 逃跑的特务

考伯特是一名国家安全情报系统资深职员，现在他正站在街边，紧紧盯着对面一个身穿褐色风衣的中年人。敏锐的职业感觉告诉他，他就是一个十分危险的特务。

实际上，考伯特从上个月开始就盯上了他，后来这个中年人是推着流动售货车在街上贩卖小商品和冷饮的，后来又扮成观光客四处闲逛，最后又到一家冲印店打了两周零工，而他做这些事的地方，都在国会大厦附近。

跟踪了很长一段时间，考伯特敏感地发现这个中年人不是一般的特务，很可能是负责协调本地区特务工作的大人物。今天，考伯特决定逮捕他，理由很简单！特务都是随身带枪，而非法持枪就是一个非常充分的理由。

考伯特紧紧跟上几步，准备在下一个行人稀少的街头拘捕这个中年人。他右手往后握住手枪的枪柄，左手摸了摸口袋里的手铐。这时，一辆公共汽车突然加速疾驰过来，考伯特连忙让道儿，就在这一瞬间，中年人已经消失在人群中。

考伯特飞快地穿过大街，可哪还有褐色衣服的影子？这时，迎面走来一个 4 人一排的大约 30 人的乐队，可最后一排只有一个乐手。指挥让乐手排成 2 人一排或 3 人一排的队伍，却依然最后一排剩一个人。

考伯特忍不住高声喊道：“你让他们排成 5 个人一排啊！”果然，每排乐手的人数就相等。

考伯特继续搜索中年人的踪迹，他在一个拐角找到了那件褐色的风衣，而人却不知去向。邻近的卖报人回忆说，那人好像是跟着乐队走了。卖报人又补充说，最后乐队走来的时候是没有多出一个人的。

考伯特计算了一下，不由得连忙喊上当，原来中年人已经混进乐队逃跑了！

请问，这支队伍算上那个中年人之后，你知道究竟有多少人吗？

2. 神探破案

比其尔警探作为边境口岸的把关人，已经和钻石走私商们较量了很多年。而最值得乐乐称道的，还是他从面粉团子里检验出钻石的故事。

当时，边境没有现代的电子仪器，因此用秤来称量所有的过关物品。走私商们找到了一个可以钻的很大漏洞，因为边境为了节约开支，磅秤竟然没有添置整套秤砣，不能称量 50 千克到 100 千克之间的物品！

于是走私商们纷纷购买了大量面粉，把钻石藏在搓成团的面粉里，然后放心大胆地扛着一包包面粉团子来验关了。

比其尔觉得这帮人很蹊跷：运 5 袋面粉团子为何来了 6 个人，并且从他们的表情中看到了他们掩饰不住的紧张。可以肯定都是这些面粉袋子里面一定有问题！但是，这是 5 袋标称 55 千克的面粉团子，根据口袋上的说明，每袋面粉的误差大概在 4 千克以内，也就是说，这个范围应该在 51 千克到 59 千克之间。即便走私商们在面粉团子里掺了大量钻石，这个范围内的物品也是无法用磅秤来称量出实际重量的。在这种情况下，除了打开口袋一点一点分辨之外，几乎没有其他的办法了。看着后面排得长长的队伍，比其尔犹豫了。

“警官，快点！”一个走私者看到比其尔为难，用幸灾乐祸的口气说道，“我们还赶着探亲戚呢！没看到后面还有这么多排队的人吗？”

比其尔冷静地分析了一下，既然磅秤无法称量 50 千克到 100 千克之间的物品，他决定用其他办法称量出面粉团子的实际重量。首先他把五袋面粉团子一对一对地称，5 个口袋组成不同的 10 对，一共称了 10 次。

10 个数字由小到大的顺序依次为：110 千克，112 千克，113 千克，114

千克，115千克，116千克，117千克，118千克，120千克，121千克。然后，比其尔拿起笔计算了几分钟，抬起头对走私商冷冷地说："你们竟然在面粉团子口袋里掺了3千克以上的钻石！这样的罪行足够让你们终身监禁！现在，你们被捕了。"

那些走私商却想不明白，比其尔警长怎么在这么短的时间识破了他们的诡计。聪明的读者，你知道比其尔是如何解决这个问题的吗？

3. 以假充真

里斯镇是一个偏僻的小镇，又加之远离城市的缘故，一直很安静。可是，今天的里斯镇却显得十分热闹，在路边有很多拿着鲜花的居民站在那里，镇长威廉先生也是西装笔挺，站在队伍的最前面。原来他们正等待著名的科学家——劳伦斯教授的到来。

只见远处缓缓驶来一辆黑色轿车，从车上下来一个着装很随便的人，他正是劳伦斯。小镇居民们发出了热烈的欢呼。随后，劳伦斯在居民的簇拥下来到镇电影院，为大家做演讲。

尽管绝大多数人根本听不懂劳伦斯讲的科学理论，可他们还是显得非常兴奋——能见到这样顶尖的科学家，听不懂又有什么关系呢？

劳伦斯教授演讲到最后，他说道："每个人都应该很清楚，科研需要购买大量的实验用品和器材，但由于政府财政上的困难，暂且不能够给我们科研室足够的经费，我们的许多科研便因此停顿下来。这是非常可惜的！如果你们不想看到这种局面出现的话，请为我们的科研捐款吧！"

这时，居民的情绪被调动到最高点，大家纷纷取出支票本，准备给“劳伦斯科研室”捐款。但亚斯先生却感觉有些不对劲，从未听说过著名的劳伦斯教授会亲自到处游说拉赞助，甚至还专程来到这样偏远的小镇！

他思索了片刻，抱起小孙女，悄悄对小孙女说了几句话，于是高声说道：“劳伦斯先生，我的小孙女有个小学数学问题想请教你！”

在居民的哄笑声中，小女孩用稚嫩的声音问道：“一家工厂 4 名工人每天工作 4 小时，每 4 天可以生产 4 架模型飞机，那么 8 名工人每天工作 8 小时，8 天能生产多少架模型飞机呢？”

居民们的笑声更响了，大家都觉得这个问题很简单。劳伦斯微笑着回答：“所有条件都翻了一番，答案自然也翻一番了！应该是 8 架飞机，对不对？”居民们先是一愣，然后再次大笑起来。

亚斯先生站起来说道：“居民们，大家一定要注意啊！不要相信这位冒牌的劳伦斯”，顿时，台上的“劳伦斯”脸色刹那间发白，他想不到一道小学数学题目竟然揭穿了自己的假象！

聪明的读者，你知道这道题的答案吗？

4. 死神列车

一架军用直升飞机正缓缓降落在一片高高的树林里，从直升机上跳下一群国家情报局的特工，他们迅速打开背包，向 20 米外的铁轨奔去。

负责指挥这次特殊行动的是柯里福。他焦急地一边挥手一边大声地提醒队员抓紧时间，同时也和总部保持联系。

3个小时以前，敌军洗劫了一个军事基地，他们带走了所有TNT炸药，还轻而易举地劫持了一列货运火车。

和以前情况不同的是，这次敌军竟然没有提出任何要求，而是在长达200多米的火车上布满了炸药，然后全速向首都方向飞速驶来。

国家情报局接到报告后，曾多次尝试和敌军联络交涉，但都没有成功，于是情报局推测，这次敌军的目的并不是要求什么，纯粹是想制造一桩引起世界关注的恐怖大案。可以想象，一列满载炸药的火车在首都爆炸，这将是一件多么恐怖的事情！

迫于无奈，情报局再三商量后决定，同闹市相比，还是让火车在郊外爆炸比较好一点。于是派出爆破队伍，在铁轨上铺设炸药，趁敌军控制的火车驶出隧道的一瞬间引爆炸药。

在柯里福率队赶到的同时，救护、消防队伍也正飞速赶过来。那些熟练的特工仅用了2分钟，就在隧道外的铁轨上铺设好黄色遥控炸药，然后迅速找地方隐蔽，焦急地等待着死神列车的到来。

5 分钟后，柯里福得到确切消息：列车时速 60 公里，正在接近隧道。柯里福立即计算了一下：隧道长度是 500 米，火车时速为 60 公里，这就说明，火车进隧道后 30 秒驶出隧道。他把遥控定时装置设置为“30”，只要火车进隧道，就会触发装置计数，30 秒后炸药自动爆炸。由于爆炸时掀起的巨大冲击波，可能伤害到潜伏的人。随后，他率领队伍迅速退后。

3 分钟的时间很快过去了，列车隆隆的驶进隧道。爆炸装置和本杰伦手中的遥控装置开始同步计时。

30 秒钟后，高强度炸药在铁轨上准时爆炸。令人遗憾的是，整列火车被引爆的现象并没有出现，只见火车在失去铁轨的路面上继续疯狂前行，撞倒了大片的槐树，最终在一片树林里停了下来。

紧接着，火车在树林里爆炸，引起了熊熊的大火，消防队员花了近一个月时间才将大火全部扑灭。柯里福回到国家情报局后，深刻检讨了他的失误，但他怎么也想不明白，这么简单的数学题自己会算错？

那么，你知道柯里福在哪个地方失误了吗？

5. 国际刑警的难题

国际反恐组织得到消息，制造了多起恐怖事件的“黑鹰”组织首领布雷迪和另外一些核心成员，一年前躲避到 F 国了。他们现在频繁聚会，好像正在酝酿新的恐怖计划。

国际反恐组织 F 国反恐负责人亚德里恩觉得这是一个难得的机会。平时这些恐怖分子都散布在全球各地，要把他们一网打尽似乎比登天还难。而如今，这样的机会就在眼前。

F 国是一个岛屿众多的国家，小岛交通环境很差，岛屿之间不通公路，只能用游艇或者水上飞机来做交通工具。根据可靠情报了解，恐怖分子散布在不同的岛屿上，定期到布雷迪的住所碰头。

亚德里恩换上蛙人的衣服，潜水到布雷迪的住所外面观察动静，用了一个

星期，他才完全弄清楚恐怖分子的活动规律，并给行动组带回了两个消息，一个好消息和一个坏消息。

好消息是，“黑鹰”组织的7名主要恐怖分子头目都在小岛上，他们和布雷迪保持着固定的联络；坏消息是，恐怖分子与布雷迪见面很谨慎，他们采取的方式是：第一名恐怖分子隔一天去布雷德那里一次，协助他处理事情；第二名恐怖分子隔两天去一次；第三名恐怖分子隔三天去一次；第四名恐怖分子隔四天去一次……以此类推，第七名恐怖分子每隔七天才去一次。为了避免打草惊蛇，在最短时间内把恐怖分子们一网打尽，亚德里恩决定等到7名恐怖分子都碰面的时候再行动。

一些反恐组织成员对这个建议有点质疑。他们说，这些人的活动如此神秘，好像永远不会有7人同时出现的时候。另一些人则说，虽然这些人可能同时出现，但是这必定是在一个遥远的日期，比如10年或者20年后。

讨论半天，没有一个人能说清楚，恐怖分子究竟到底会不会同时出现，而如果同时出现的话，又会是什么时候呢。

聪明的你，是否可以算出准确的时间，帮助反恐组织抓住这些恐怖分子。

6. 珠宝商的损失

唐恩的好朋友多米开了一家珠宝商店，经营高品质的钻石饰品，珠宝的价格相当昂贵。这天，他满脸忧愁地来探望侦探斯格和唐恩医生。

唐恩问道：“老朋友，难道你没有看到称心如意的钻石？你看起来好像不太开心呀！”

多米叹了口气，说：“不要再提了，我不但上了当，甚至到现在我都没弄明白，我的损失到底有多大呢。”

斯格觉得很奇怪，多米在生意场上一向比较精明，怎么会被骗还不知道损失了多少呢？于是他问道：“你不是开玩笑吧？把事情说来听听，让我们看看究竟是怎么一回事。”

多米说道：“昨天上午，一个穿着非常时髦的女士来到我的商店里，她说要买一枚钻石戒指。她举止优雅，我丝毫没有怀疑。在试戴了几枚钻石戒指以后，她挑中了一枚漂亮的蓝钻戒指。”

“她不会是用赝品调换了吧？”唐恩忍不住说。

“当然不是，这种雕虫小技怎么能瞒过我？”多米说道，“她看中的戒指标价10000元，经过最终商议，我们以8000元成交。接着，她递给我一张银行支票，上面有令人信服的签章，票面金额是10000元。”

到目前为止，斯格还没有听到能够令多米困惑的问题到底是什么。这张支票难道有问题？

果然，多米接着说道："倒霉的是，我当时恰好没有零钱了，便拿着支票到隔壁的电器商行找老板巴洛换了 10000 元。然后我找给顾客 2000 元后，又为她包装好钻戒，才礼貌地送走了她。谁知道，过了一会儿，巴洛来找我，告诉我说给他的支票是假的，原来他去银行兑付支票，银行工作人员告诉他的。没办法，我只好收回支票，赔偿了巴洛 10000 元。"

"这么复杂啊？"唐恩说，"难怪你弄不明白。让我想想，你的损失是这样的：价值 8000 元的戒指，赔偿巴洛的 10000 元，总共损失 18000 元。"

多米摇摇头说："还不止呢！我还找给那个顾客 2000 元真币，这样算下来我的损失高达 20000 元！可是，这个数字对吗？"

"当然不对了。"斯格说道，"你们算的都不对，实际上损失并没有那么严重。"

聪明的读者，你知道实际损失应该是多少吗？

7. 如何分配遗产

克里斯托弗是一个守财奴，他已经病了一个多月，这时他把老管家叫到了床边，颤抖着手，对老管家说："老尼奥，我快不行了，我已经能听得到死神在敲门了。我这辈子积攒的钱财都被我换成了金条，就放在床下的大铁皮箱里，遗嘱也放在里面。麻烦你帮我把遗嘱交给我的儿子们，让他们按照遗嘱分……"

克里斯托弗忽然剧烈咳嗽起来，大口大口地喘气，两三分钟后，他不甘心地闭上了眼睛。

尼奥从床下拖出蒙着厚厚灰尘的铁皮箱，打开铁皮箱一看，只见满满的一箱子黄澄澄金条，顿时有了其他的打算。他找到一个布袋，把所有金条都扔进袋子，迅速离开了克里斯托弗的别墅。他直接来到赌场，把所有的金条都换成了钱，然后进行一掷千金的狂赌。

克里斯托弗的儿子们在家里找到了父亲留下的遗嘱，可是一根金条也没有找到，他们立刻报警。可谁也没有想到，当警察找到尼奥的时候，他已经把金条几乎输得精光了。

按照法律，尼奥没有权利动用这份财产，所以那些被挥霍掉的金子还可以向赌场合法地要回来。但究竟有多少金条呢？谁都不得而知。

此刻的尼奥满脑子都是筹码、扑克，根本没记清楚自己到底带来了多少根金条，而赌场也用这个作为借口拒绝偿还。无奈，克里斯托弗的长子请来了聪明的法官阿奇柏德，请他帮助解决这个难题。

阿奇柏德拿起遗嘱，只见遗嘱是这样写的：我所有的金条，分给长子1根又余数的1／7，分给次子2根又余数的1／7，分给第三个儿子3根又余数的1／7……以此类推，一直到不需要切割地分完。

阿奇柏德看完后，微笑着说："现在问题解决了，我不但能帮你们弄清楚到底有多少根金条，连你们有几兄弟都知道了。"克里斯托弗的长子惊讶地睁大了眼睛，他从来没有和阿奇柏德说过其他兄弟的情况，阿奇柏德怎么会知道呢？而金条到底又有多少根呢？

聪明的读者，你能算出每个人应该得到多少根金条？

8. 池塘里的鲤鱼

一天早晨，在国家生物实验室上班的基因工程师亚摩斯刚到办公室，就发现实验室被破坏得一塌糊涂，用来作培养试验的精密玻璃仪器碎了一地，满地都是各种营养液，一股浓烈的化学物品味道充斥在实验室里。

他赶紧打开密封箱一看，心揪得更紧了！用来做基因实验的三只波斯猫跑了两只。而这种携带了狗和老鼠基因的猫，很可能会同时患上狂犬病和鼠疫，而猫类本身携带的病菌也会同时滋生，最终会产生可怕的新病毒。这种病毒一旦传染出去，后果将不堪设想。亚摩斯连忙拿起电话，用最快的时间报了警。

防毒警察穿着防护服，戴着面具，在第一时间封锁了现场，他们四处搜索，终于在食堂的水池边发现了两只波斯猫的踪迹，它们正在吃一条鲤鱼。防毒警察悄悄包围过去，利用麻醉弹准确击中，两只猫咪的身子晃了晃，一下子栽倒了。

这时，亚摩斯工程师又发现了一个新问题：猫咪在追捕池塘里的鱼的过程中，很可能把病菌传播到鲤鱼身上，而鲤鱼又通过水源影响人类，后果同样严重！现在，需要把所有鲤鱼都抓出来处理掉，其他鱼类不会感染病菌。

可是，水池里有很多种鱼，鲤鱼究竟有多少呢？警察找来了厨房负责人询问。

负责人只能肯定池塘里所有的鱼都是昨天刚买回来的，一共花了3600里拉。根据账目记载，鳜鱼78里拉一条，刀鱼104里拉一条，青鱼 130 里拉一条，鲤鱼 170 里拉一条。除了被猫咪吃掉的一条鲤鱼以外，没有其他的损失。

亚摩斯看到众人一副疑惑不解的样子，忍不住说道：“还没有发现规律吗？我上小学的外甥都能解答这个问题。”

接着，亚摩斯给众人作了详细的分析，大家终于恍然大悟。请问，你知道池塘里到底有多少条鲤鱼吗？

9. 睿智的验关员

在海关，每天有不计其数的货物从这里进进出出，需要验关员检验的项目很多。验关员的工作责任重，权力大，也成为走私者挖空心思想讨好的对象。

有一次，一个大胡子商人带着整整 10 个集装箱的货物前来报关，他的这些货物整齐地排列在海关大楼的货场里，工人正在忙碌地操纵设备把集装箱装上货轮。

验关员仔细审核着报关材料，一切都很正常。但翻到最后一页的时候，忽然，他发现“物品重量”一栏有涂改的痕迹，并产生了疑问。验关员再次细心核对，发现这是一批型号重量都完全一样的汽车轴承，不应该出现事后更改重量的情况。

大胡子商人看到验关员有了疑问，急忙解释：“这个地方的确有点小修改，它是我不小心弄得。请您高抬贵手，行个方便吧！”

验关员面不改色地说："现在，就让我们去查一查你的货物。"

大胡子商人见验关员丝毫没有退让，不由得恼羞成怒，他说道："我可以直接告诉你，这10箱货里有一箱轴承是特种轴承，就看你是否有本事查得出来！装货的轮船就要出港，现在称量是无论如何来不及了，你以为打开10个集装箱，把轴承一个一个比较过来是很容易的事情吗？你至少需要称9次！"

验关员笑了起来，他说道："我想你还是补缴关税比较好，因为找出特种轴承根本不需要称10次，只需要称一次就够了！"

请问，假设标准轴承的重量是100克，而特种轴承比普通轴承重10克，你知道这个聪明的验关员，如何用一次就可以找出特种轴承？

10. 解开密码之谜

只要托尼探长和警长特里走在一起，不用解释就会知道一定是出大事了。

昨晚，一个身手矫健的小偷乘警卫换班的机会溜进了博物馆，窃走了馆内一批珍宝。警长特里将所有古董店和珠宝店都查问了一遍，仍然没有找到线索。

这时，特里便来找托尼帮忙。托尼思索了一下，问特里："你说，如果你偷到了东西，你会藏到银行的保险柜或者珠宝店里吗？"

特里毫不犹豫地回答："当然不会了，不过……"

"所以就别作无用功了。"托尼说完，就带着特里穿越泰晤士河，来到河对面的贫民区。看到特里满脸焦虑的样子，托尼问道："不经常来这里吧，警长先生？"

特里还没来得及回答，一个瘦弱的年轻人忽然从后面鬼鬼祟祟地闪了出来。他低声问道："先生，要古董吗？非常便宜的价格。"

"有点兴趣。"托尼回答，"带我去看看。"他见那青年犹豫了一下，又补充道，"我是个收藏家，要是喜欢的话，我会全部买下来的。"

男青年一听说来了大主顾，毫不犹豫地带着他们穿过长长的巷子，走进一个狭小的殡仪馆。另外一个男青年等在那里，他面前是满满一墙从1～10000

编上数字的骨灰箱。等在那里的青年跟带路人交谈了几句，就取出笔算了起来。他写道：××× + 396=824。很明显，第一个数字应该是 428。他打开 428 号骨灰箱，取出一只中世纪的精美怀表。

忽然，他瞥见特里腰间的短枪。就在一刹那，他把怀表砸向托尼，转身飞奔而去。特里来不及追赶，只抓住了带路的青年。

“我什么都不知道。”带路的男青年看着逼近的警察，连忙说，“我是一个帮工，只知道东西放在 10 个骨灰箱里，他说过这些箱子都有一定的联系，而且好像都是四百多号的……”

“联系？”托尼琢磨起来。接着，他发现了有趣的事情：把 428 这个数顺序反一反，就是 824，这就说明，其他的数字也有同样的规律！现在，问题就变得简单了。托尼花了不到 1 分钟就找到了答案。

聪明的读者，你要花几分钟才能解决这个问题呢？

11. 自首者的谎言

肯尼是黑帮的头目，他神通广大，黑帮那些人都尊称他为“教父”。最让警方头疼的是肯尼每年都要犯几件案子，而他每次犯下的案子，都能登上报纸的头条。

警方多次逮捕他，可是他高薪聘请的律师却总能为他洗脱罪名。就这样，他一边买卖违禁物品，一边经营着连锁咖啡店，和警方对峙了十多年。

这天下午，肯尼穿着一身黑色西服忽然来警察局自首！当他拿出身份证，告诉执勤警官他是前来自首的时候，执勤警官惊讶得差点从椅子上站起来。

他告诉警方，上个月他走私了 100 块壁画回国，这些壁画是盗墓者从一个没有被发现的法老陵墓里切割下来的。

可是，当他联系好收藏家准备出手的时候，出乎意料的是他的手下竟然背着他把壁画全部取走了。因为参与盗窃的人太多，眼看追回壁画无望，于是他决定到警察局报警，让警方帮他抓住背叛他的手下，同时追回这批价值连城的壁画。

他说他可以在法庭上为警方作证，条件是警方不能起诉他。双方协议达成后，他为警方提供了一些线索，他说参与盗窃的一共是 25 个人，这些人中最多的偷走 9 块，最少的偷了 1 块。而这 25 人各自偷了多少块壁画，他说自己也没有记清楚，但可以确定的是，他们每个人偷走的壁画都是单数块，没人偷走双数块的。

警局认为这是一次非常难得的

机会，既然黑帮教父亲自送上门来，借此机会，可以端掉一窝黑帮分子。警察们立刻倾巢出动，按照肯尼提供的名单一举抓捕了那些嫌疑犯。可是，警方连一块壁画都没有找到，难道是被他们集体藏起来了？

这时，警局请来了心理学专家帮助审讯罪犯。专家先花了半小时查看案卷，当他看到肯尼的证词时，不由一愣。接着，他缓慢地对警察局长说："肯尼耍了你们，他可能是对手下失去了控制，才想到借你们来除掉手下！"

一次立功受赏的机会即将变成一场巨大无比的丑闻，警察局长听得瞠目结舌。

聪明的读者，你能想到心理学专家是怎么知道肯尼在说谎的吗？

12．巧用圆周率

"每个伟大的科学家在成名前都很潦倒，伽利略是这样，爱因斯坦是这样，我也是这样……"这段话是尼克的开场白，他对任何人都这么说，然后请求他人赞助他的数学研究。

可尼克至今还没找到赞助人。现在，尼克住在破旧的老式公寓里，整个街区混乱不堪，并住满了地痞流氓。在饮食上尼克过着饥一顿饱一顿的生活。

但尼克并没有受到这些人的影响，仍然每天闭门研究深奥的数学原理，对其他的事情毫不关心。公寓管理员黛娜太太是尼克惟一的朋友，她总是在尼克饿肚子的时候接济他。

这天，黛娜太太想起好像很多天没有看到尼克了，便来到他住的312号房间查看。敲了半天门没反应，她忽然发现尼克的房门下端隐约有一摊血迹！血液从门里渗出来，已经凝固成深红色。黛娜太太忍不住尖叫起来，飞快地跑到楼下报了警。

警察破门而入，发现尼克身中4刀，已经在几天前就去世了。他横卧在地上，手里却死死抓着一根铁丝，铁丝依稀被捏成圆形的样子。

很显然凶手是一个职业罪犯，他不仅带走了凶器，而且很老练地清除了自

己的脚印和指纹，在现场没有留下任何线索。根据黛娜太太回忆，几天前似乎听到尼克屋子里传出激烈的争吵声。

“你可以提供嫌疑人的一点线索吗？”警察询问黛娜太太，“你认为谁会做这种残忍的事情？”

“这幢大楼里所有的人。”黛娜太太说，“他们都是职业罪犯，如果不是租金便宜，尼克也不可能住到这里来，他是一个多么好的人啊，总梦想可以成为一个数学家……”说到这里，黛娜太太忍不住流下了眼泪。

“等等，”一个警察忽然说，“你刚才说他梦想成为一个数学家？”

“是啊。”黛娜太太哽咽着回答，“他整天研究数学，这么努力下去，总有一天，他会成功的……”

“数学家……铁丝……圆……”警察喃喃自语，他突然想起了什么。几分钟以后，他抬起头说道：“我已经知道凶手是谁了，让我们现在就去逮捕他！尼克真是个聪明人，可惜啊！”

聪明的读者，你能读懂数学家留下的暗示，成功地找到凶手吗？

13. 破解密码之谜

甲、乙两国已经打了多年的仗，却一直分不出输赢。如今甲国调整了作战计划，即在正面停止进攻，以此来切断乙国的后方支援，把主力部队集中起来，开始对乙国的后方发起猛攻。

当时，甲国军队的总数是乙国军队总数的近5倍，乙国现在最重要的任务就是在最短时间内迅速了解敌情，避开和优势敌人决战，保存实力，在运动中与敌人周旋。

于是，乙国派出了一批最能干的情报员了解敌情，化装成平民，冒着生命危险来到对方据点打探情报。而监听员更是日夜坚守岗位，监听对方电报，为的是了解甲国的部队人数和行军路线。

一天，乙国的一位监听员截获了一份甲国总部下达给师团的密码电报，电报的内容经过初步破译得知，下月初，三个师将兵分东西两路再次发动围剿。在东路集结的部队人数为“HNCV”，从西路进攻的部队人数为“KHKV”，东西两路总兵力为“RCVVV”。由于甲国采用了加密电码，很多关键性的语句无法译出。

尽管情报员千方百计地想尽办法，结果还是没有得到太多有用信息，只打听到东路兵力要多于西路。他还打听到，甲国决定把进攻时间提前到3天后的坏消息。

一时间，破译这几组加密电码成为乙国当务之急的大事。指挥员、情报员、密码员甚至群众都投入到解开密码的工作中来。

一位教师最终完成了密码的破译工作。他对指挥员说，破译这个密码需要数学知识，但又不完全靠数学知识。

请问，他是怎么破译这些密码的呢？甲国东西两路的兵力到底是多少？

14. 关键时刻渡河

T国占领了R国，但是R国人民并没有屈服，始终没有停止过反对敌国统治的斗争，他们动用一切手段，组成各种各样的游击队和自发武装，对敌国占领军发动毫不留情的打击。

T国将要在R国北部建立一个重要的据点，把它作为围剿游击队的后方基地。R国北部游击队得知这个消息后，便立刻派出三名侦察兵去探听情况，确认消息的准确性，以便采取相关的对策。

三名侦察兵化装成农夫，戴着草帽，扛着锄头，走乡村土路慢慢的接近第一大城市。正当三名侦察兵准备进城的时候，从远处走来几个敌国兵，向他们问道："你们是干什么的？"侦察兵强作平静，镇定的回答说："到城里买点东西。"

"不要去了！"敌国兵挥舞着步枪说，"这里到处都是部队，没看到吗？这

里的居民都搬走了，布满半个 R 国的军火马上都要运到了，这里很快将会变成一个火药桶的！”

此时，只见一支庞大的车队正开进城里，车上满载着军火弹药。侦察员们恍然大悟，原来敌国没有在 R 国北部第一大城市集中军队，而是在这里囤积军需品！发现这个秘密后，侦察员们非常高兴，他们需要马上把这个消息报告给游击队！

突然，敌国兵用刀子划破了一个侦察兵扛在肩头的布袋，里面的手枪暴露在眼前！侦察兵们当机立断抢过手枪，在敌国兵还没有反应过来之前，以最快的速度将这些人通通击毙，然后撒开腿拼命跑，身后传来了敌国兵的叫喊声和子弹嗖嗖飞过的声音。

侦察兵们迅速地向前飞跑，无奈被一条大河挡住了去路。只见河上有两个孩子划着小船在玩耍，他们十分乐意帮助这三个不会游泳的侦察兵，可是小船只能坐下两个孩子或者一个侦察兵，否则就会翻船。三名侦察兵怎样才能利用这只小船迅速过河呢？

请问，在这个关键时刻，你能想出一个办法帮助他们渡河吗?

15. 作案时间

“砰”的一声巨大响声打破了凌晨的宁静，接着，只听见熟悉的吵闹声再次响起。

“你现在还知道回来？闻到你满身酒气就知道你到哪里鬼混去了！”迪丽雅大声说道，接着，又是“砰”的一声，一件瓷器重重摔在地上，瓷器和地板的撞击声吵醒了还在睡梦中的邻居。

“不要乱砸东西！”里奇的声音也高了起来，“有什么话好好说！把手里的东西先放下来！”

令邻居们意想不到的是，又一次响声传过来，这次不知是果盘还是台灯，在地板上翻滚出一阵刮擦声。砸完东西，迪丽雅开始哭诉里奇的种种劣迹，她

越说越伤心，索性直接坐到门口痛哭起来。

里奇显得非常紧张，他急忙拉妻子回去，免得给邻居看笑话。平时这个时候，迪丽雅就会边走边哭着回家，然后四周又恢复平静。可是今天迪丽雅似乎下定了决心似的，任凭里奇好说歹说，仍然坐在门口哭个不停。

过了一会儿，迪丽雅的哭诉声突然停了下来，接着，邻居隐约听到一声尖叫，就再也没有声音了。

第二天，邻居发现迪丽雅家的窗子竟然有斑斑血迹，联想到昨天晚上的激烈争闹，便马上报了警。警察破门而入，发现迪丽雅身上满是刀伤，倒在血泊之中，早已经死去了，而里奇则消失的没了踪影。

“真是一桩家庭悲剧。”负责调查的警察说。不必调查就知道，里奇就是那个凶手。警察立刻发出通缉令，接着向邻居们了解案件发生的准确时间。

“我听到尖叫的时间是 12 点 10 分。”一个邻居老太太肯定地说。

“不，完全不是这样，那时候我还十分清醒呢。”一个年轻人反驳道，“我清楚地记得，应该是 11 点 45 分。”

“胡说！”对面杂货店的老板搀和了进来，他对警察说“是 12 点 07 分，我看表来着。”

最后一个发话的是一个中年绅士，他坚定地认为："应该是 11 点 54 分。"警察被这几个人的话弄糊涂了，然后检查每个人的手表。最终发现没有一块是准的。

在这四只手表中，其中一个快 2 分钟，一个慢 11 分钟，一个快 5 分钟，一个慢20分钟，为了尽快破案，你能帮助警察们想出具体的案发时间是几点吗？

16. 三只桶的毒品交易

班克罗夫特是一位媒体大亨，今天他西装革履，脸色仍然像平时那样宁静。而此时，他以一个被告的身份出现在法庭门口，法庭里所有人的目光，都集中在缓缓走进来的班克罗夫特身上。

班克罗夫特被检察官指控：在过去的 8 年里，他用传媒集团作掩护从事毒品买卖，这个消息在全国引起了广泛的关注。人们不仅十分关心班克罗夫特是否被判有罪，也非常关注他的辩护律师利奥能否延续 134 宗案件不败的骄人成绩。

开审后，检察官宣读了长长的起诉书，而利奥强调了班克罗夫特多年来为社会所作的贡献，他说，检察官并没有掌握任何实质性的证据。这时，检察官向法官要求传证人金姆出庭作证。

金姆曾是班克罗夫特多年的助手，他很了解集团的内幕。看到检察官找到金姆来做证人，利奥和班克罗夫特都不免显出了一点紧张。

金姆承认自己知道班克罗夫特这么多年一直贩毒的事实，甚至说自己曾经参加过现场买卖。如果这些证词一旦被法庭采信，班克罗夫特就输定了。在场所有的人都屏住呼吸，等待着利奥进行盘问。

利奥缓缓走到证人面前，和蔼地问道："金姆先生，你刚才提到参加过现场毒品交易，你能告知一些具体的细节吗？"

金姆思索着说道："3 年前，那时我刚成为班克罗夫特先生的助手。一天，他让我带上一个沉重的塑料桶，和两个南美人做买卖。我看见他从大桶中倒出

很多白色的海洛因粉末，分给了南美人。"

利奥加重了语气说道："金姆你那含糊的语句，根本不能说明问题，现在请你明确告诉法庭，你们带去了多少毒品，又卖出去多少？"

金姆回答道："我记得非常清楚，我们带的是 12 千克的大桶，而南美人带来了两个小桶，一个能装 5 千克，另一个能装 9 千克。一个矮个子的人买了一千克，那个高个子买了 5 千克，他们一共买了 6 千克的毒品。"

利奥打断了金姆的话："你确定你们只带了桶，没有别的工具吗？"

"是的！"金姆回答，"我们就是用桶。"

利奥转身说道："法官大人，我请求你注意，证人正在撒谎，我们应该对他判以伪证罪！"

聪明的读者，你觉得金姆是不是在说谎呢？他说的是事实吗？

17. 二元一次方程解开遗嘱

一天上午，密克探长刚走出公寓，两个年轻人急忙上前拦住了密克探长，他们焦急地询问道："请问您就是密克先生吗？您可以帮助我们一下吗，我们都快被那个无赖急死了！"

两个人随着密克走回客厅，询问他们到底发生了什么事。

一个青年说道："密克先生，我们的父亲和海勒的父亲合伙买了一幢豪宅，还有豪宅后面的一大片果园。不知是什么原因，他和海勒的父亲签下协议并立遗嘱，把豪宅留给海勒家，只给我们留下了一个果园，我们对父亲的做法感到疑惑不解。"

"根据我的看法，"密克缓缓说道，"尽管这对你们很不公平，但是我们应该尊重遗嘱。因此，我没有办法帮你们。"

另一个青年人急忙解释说："不，你可能误会了。我们不想和海勒争夺任何房产，由于我们都不住在伦敦，没办法经营果园，便要求海勒家折价给我们。可是，这些无赖以无法估价为由拒绝了我们！"

"由于现在时间久远，我们也弄不清楚果园到底值多少钱。"青年补充道，"我们翻阅了当时的记录，记录上这样记载：我父亲准备要海勒家给他海勒家现金量3／4的钱，再加上他自己的钱，买下这幢价值500万英镑的宅子，而海勒家剩下的钱刚好够买下果园。后来，海勒家提议，我父亲拿出自己的2／3的钱给他们来购买房产，而我父亲剩下的钱也刚好够买果园。"

另一个青年忧心不安地说："谁知道这个果园到底值多少钱呢？这可真是一笔糊涂账啊！如果……"

"先生们，"密克说话了，"我已经计算出你们果园的准确价值了，你们现在可以去向海勒家要钱了。"

两个青年人顿时目瞪口呆，他们没想到密克竟然这么快就有了答案。聪明的读者，你知道密克是怎么计算出来的吗？

18. 沙漠里有几袋沙

很久以前，有一个女王特别喜欢刁难大臣。她有一个习惯，即是每日在早朝之后，便要众臣陪同在宫殿周围散步，然后提问一些稀奇古怪的问题。

一天，她来到御花园，众人坐下观景，女王忽然想出了一个自认为很刁钻的问题："你们有谁知道沙漠里有多少袋沙子？"

沙漠里有多少袋沙子？谁可以确切地答出来呢？众臣相互对视，一个个面面相觑、诚惶诚恐。

这时，女王显得有点不高兴。有个大臣胆战心惊地伏地启奏道："女王陛下请息怒，我等不才，无法解答您的问题。臣知道有个十分聪明的孩子，是不是把他找来试一试？"

过了一会儿，那位大臣领着一个小孩来到大殿上。那孩子落落大方，进王宫毫无胆怯。

女王命人又把那个问题说了一遍。

小孩子很快便说出了答案。

女王很高兴，夸奖并重赏了他。你知道那个孩子是如何回答的吗?

19. 半个孩子

奇怪的事情在桑巴达镇发生了。近一个月，很多孩子在放学回家的途中神秘失踪，尽管家长找遍小镇的各个角落，仍是没有孩子的一点踪影。警方不断加强戒备。尽管如此，竟然还有小孩失踪，这在小镇上引起了巨大恐慌。

为此，家长们不敢让孩子外出，也不敢送孩子上学，而那些失踪孩子的父母则到警察局外吵闹，抗议警方办事不力。目前警方面临着非常严峻的挑战，警长额尔急的头发都白了不少。

他天天带领手下在镇里搜查，可是作案者太狡猾，没有留下任何有用的线索，甚至到现在连个目击证人都没有。

这一天，一个警察冲进来对警长说道:“有消息！有个老太太打电话来投诉，说她的邻居家里最近总是传来孩子的哭声，会不会……”

“马上出发！”额尔抓起外套说道。

在镇外一幢阴暗的别墅里，一位老太太对警长说，一个叫马文的青年刚搬到她家的旁边。这个年轻人很奇怪，他不仅不打扫公共卫生，还经常把孩子弄得哭哭啼啼。

额尔立刻组织人员包围了马文的住所，四个警察撞开房门冲进房内。令人惊讶的是，马文穿戴得整整齐齐地坐在沙发上，似乎在等待额尔警长的到来。

“笨警察，欢迎你们！”马文说，“我的生活一直过得很平淡，为了给生活增添一点乐趣，就找你们玩游戏，可你们真是太笨了，整整一个月过去了，你们什么线索都没有找到。如果不是我把孩子弄哭，估计你们现在还待在警察

局里瞎猜吧？"

"你这个浑蛋！"额尔怒骂道，"你把那些孩子弄到哪里去了？"

马文笑起来："额尔探长，先不要发火。你在我窗外搜查了3次，每次都围着大树看，大树里能有什么呢？你的愚蠢真让我扫兴。"

"这些孩子在哪里？"额尔顺势掏出了手枪。

马文摇了摇头说："有胆你就开枪！其实，你进来的时候我就遥控启动了机关，现在正在往关押孩子的房间里注水，你要是再耽误时间，看你如何向那些家长交代！"

额尔探长脑门开始冒汗，他说："你想如何？"

马文面不改色地说："笨警察，我给你最后一次机会！我把绑来的孩子的一半加半个放在东面，把剩下的一半加半个放在西面，我把其中一个孩子堵住嘴塞在床下。你要仔细算一下，然后告诉我放在东、西两面的孩子各有几个，我就告诉你他们在什么地方。如果你算不出来，那就等着看惨痛的悲剧吧！"

额尔怎么也想不通，人怎么会有半个的呢？他浑身冒汗，脑袋里一片空白。这时，一个新来的警探说他知道，接着他说出了答案。马文顿时无奈地低下了头。

那么，你知道新警探是怎样算出来的吗？

20. 加法的奥秘

来马丹镇的游客一般都是采矿者和暴富商人，每当他们挣到大把钞票时，就会跑到镇上疯狂赌博喝酒。因此，镇上的酒家逐渐增多，而赌场更是有近15家。

这天，一位穿西服的外乡人出现在镇上最大的赌场里，他慢慢拿出一个精致的皮箱，打开后只见箱子里有用黄金打造的 1 ～ 9 的数字。

接着那个外乡人礼貌地向人群鞠了一躬，高声说道：“这是最简单的赌局！只要会加法的人都会，仅需要 20 元就可以赢取 200 元！”说完，他把一叠厚厚的钞票放到台子上。

赌徒们听说有这样好的事情，纷纷让他讲解规则。他的规则十分简单：他用 200 元下注，其他人则用 20 元下注，每次下注都放到任意一个数字上，双方轮流走，谁的三个数加起来最先等于 15，就是获胜者

这时，一个老赌徒决定尝试赌一把。首先老赌徒把 20 元钱放在 2 上，外乡人把200元放在8上。随后，老赌徒再把钱放在7上，他琢磨着下一轮再放在6上，三个数加起来等于 15，这样他就可以获胜了。

出乎意料的是，外乡人居然把钱放在了 6 上，结果老赌徒没有成功。老赌徒想，在下一轮中，外乡人只要在把钞票放在 1 上就可获胜了。因此，老赌徒

便把 20 元放在 1 上。外乡人并不慌张，他笑嘻嘻地把 200 元放到了 4 上。老赌徒看到他下次放到 5 上便可赢了，就不得不再次堵住他的路，把 10 元放到了 5 上。可是，这时外乡人却把 200 元放到了 3 上，因为 8+4+3＝15，所以他赢了。

老赌徒输掉了这 80 元钱，而外乡人则赢得了“15 点”的胜利。赌徒们很不甘心，想要和外乡人挑战。令人惊讶的是，短短一个星期里，外乡人的赢了每一局。赢来的钱装满了他的整个皮箱。赌徒们有些迷惑不解，简简单单的数学题竟然让他们输了这么多钱。

一个赌徒认为，外乡人只赢不输一定是在作弊，应该报警。很多输了钱的人也随声附和，于是他们请警察来调查。经过警官详细而认真的调查，终于解开了外乡人只赢不输的谜团。

请问，你认为外乡人作弊了吗？

21．消失的公里数

在池塘旁的泥地里，农民发现了一具尸体。警方在泥地上还发现了汽车的痕迹。各种迹象说明，这具尸体是被人从其他地方运过来的。

警方根据车痕，很快查到车子是属于离该地 10 公里一家出租公司的。出租车公司的人经过翻查记录，证实是一个叫摩斯的男子租了这部车。警方马上找到摩斯，向他查询。

摩斯说：“别开玩笑，我那天的确是租了这部车子，而且四处逛逛，但我没有杀人及运载尸体。”

警方问：“你的证据是

什么？”

摩斯说：“从这里到池塘，至少有9公里，来回一趟，汽车要走18公里，我的车子仅走了15公里，难道这不是最好的证据吗？”

警方再向出租车公司调查，事实的确如此，这部车按里程表的读数计算，只走了15公里。如果摩斯是杀人凶手，他到底用了什么办法，改变了里程表的数字呢？

经过分析，探长解决了这个问题。请问，凶手耍的是什么诡计呢？

探

Detective

Chapter4

第四章

科学知识解开谜团

科学世界中充满着未知和神秘，站在巨人肩膀上的牛顿，为人类插上翅膀的莱特兄弟，给化学元素排队的门捷列夫等，他们都为科学发明和进步做出了巨大的贡献。我们可以漫游在科学的世界中，运用科学知识，解开心中的谜团。

1. 恶意的谎言

英国的基正大街和其他地方没有太大区别，有各种各样的住房和商店，有宽敞的柏油马路。唯一不同的是，基正街 001 号到 700 号房屋全是精致的木质房屋。住在 322 号的道格拉斯先生对于自己的住所感到非常满意。

这天夜里，道格拉斯先生被爱犬的狂吠惊醒。他睁眼一看，只见火苗正从屋子的角落窜出来，滚滚浓烟熏得人睁不开眼。道格拉斯鞋都没来得及穿，抱起爱犬夺门而逃。

虽然火被扑灭了，造成的损失也非常大，在这场可怕的大火中，有 20 幢房屋被完全烧毁，30 多幢遭到严重破坏。警察调查发现，大火是从道格拉斯先生的邻居、321 号朱莉亚女士家里开始着的，由于现场已经完全毁坏，起火的原因还没有查明。好不容易逃了出来的朱莉亚女士，听到孩子和丈夫没能从火海中逃生的消息，悲痛得晕了过去。

过了一会，朱莉亚女士精神状态稍微好了一点，警察开始询问她起火的原因。

朱莉亚说："昨晚我们参加一个朋友的派对，一直到深夜才回家。回来以后，我丈夫和孩子都说很饿，我就去给他们煎牛排。就在牛排快煎好的时候，我忽然听到孩子大哭起来，连忙放下牛排跑到客厅里，原来孩子的手指不小心被玻璃划破了。这时，我丈夫也跑了过来，他把孩子带到浴室进行清洗包扎，而我返回厨房。没想到，我出去的时候忘记关闭煤气灶，火焰已经在锅里烧了起来！"

"只是在锅里烧？那很容易扑灭啊。"警察说道。

朱莉亚悲伤地捂住脸说道：“这时我犯了个不可饶恕的错误！我当时完全慌了，随便提起一个桶就朝油锅浇过去，谁知道，桶里面也是油！整个厨房一下子就着火了，我甚至都来不及通知丈夫和孩子……”

警察停下记录，和道格拉斯对视了一下，缓缓说道：“朱莉亚女士，你因为涉嫌纵火被捕！”

聪明的读者，你知道朱莉亚的叙述中哪里有破绽吗？

2. 相似的A型血

克莱斯特警长最近接手了一件非常棘手的案子。一富家幼子被人绑架，尽管付了大笔赎金，可人质最终却没有生还。显然罪犯一开始就没打算归还人质，早已将幼儿杀掉，而且残忍地将其碎尸。

从这一点看，罪犯肯定熟悉被害人家内情。经侦查，常出入被害人家的会计事务所会计师丹尼斯被列为嫌疑对象。这家事务所在案发前一直生意萧条、门庭冷落，最近却突然火爆起来，这不得不让人感觉蹊跷。

克莱斯特走进丹尼斯会计事务所，丹尼斯正一张张地用舌头舔着印花往文件上贴。

“丹尼斯先生，实在对不起，打扰你了！”克莱斯特警长说道。

“哦，又是为那桩绑架案吧？”

克莱斯特端正了一下坐姿，说：“丹尼斯先生，你应该是A型血吧？”

“正如你说的，也许因为我同唐纳修都是A型血，很多人都觉得有点不可思议，这是不是……”丹尼斯想岔开话题。

克莱斯特打断丹尼斯的话，直截了当地说：“从送到被害人家的恐吓信的邮票背面验出了你的指纹，上面留有A型血的唾液，你有舔邮票贴东西的习惯吧？”

“咦，你连这……”

“你是怎么弄到钱的？”

“实际上……说起来你们恐怕不会相信，这些钱是我捡的。那是绑架案发生数日后的一天，刚好就是那边椅子的一旁，有个人遗忘了一个包，我打开一看，里面装的全部是现金。”丹尼斯不安地说道。

“你有没有告诉唐纳修？”

“没有。我想大概会有人来问的，便保存了起来，直到现在始终未曾有人来问，于是……啊，你也知道我急需钱。我对唐纳修说钱是我张罗来的，因为前一段时间他干得很棒，所以我也不想落后……”

丹尼斯战战兢兢，以为自己会被逮捕，但克莱斯特并无什么确凿证据，便起身告退了。

然而丹尼斯当晚便死了，样子极像自杀。抽屉里发现了盛毒药用的小瓶，但没有发现遗书。

克莱斯特后悔不已。他匆忙走到解剖室，同担任丹尼斯尸体解剖的法医攀谈起来。谈了几分钟，法医恍然大悟：“对了，丹尼斯是非分泌型体质。”

“糟了！丹尼斯不是绑架罪犯，他是被罪犯所杀，而后又被伪装成自杀的。”克莱斯特猛然醒悟道，“立刻通知警察逮捕凶手唐纳修！”

请问，凶手为什么是唐纳修呢？

3. 窗户上的冰

冬日里的一天，英国人塞尔特要到法国一个亲戚家作客。临走的时候他请邻居帮忙照看一下他的房子，因为这附近不是很太平，盗窃案子时有发生。

大约过了半个月，塞尔特回来了，他刚刚走上台阶，当初答应帮他看家的邻居柯蒂斯急匆匆地跑来对他说：“你家被盗了。”塞尔特不禁大吃一惊，赶紧把门打开了，只见里面被翻得杂乱无章。

“你是怎么判断有盗贼来过这？。”

柯蒂斯显出很内疚的样子，他用手比划着说："那天晚上我听见你屋里有动静，便想起你的嘱托，于是就冒着寒冷的风雪匆忙跑到你家门口，透过窗户看了看。你知道，天气太冷了，上面都结冰了，我使劲哈了一口气，擦了擦玻璃才能看得到里面。结果就是现在这个样子了。”

塞尔特听完之后，思考了一会儿说：“柯蒂斯，你不要骗我了，你还是把偷得那些东西归还回来吧，否则我将带你去警察局。”

塞尔特为什么要这样说，你能猜到吗？

4. 雨夜里的鞋印

伦敦郊外有一所专门关押死刑犯的监狱，很多最凶残的罪犯被关押在这里。这里管理十分严格，守卫异常森严。

这天，亚尔林来到监狱看望当监狱长的好朋友安琪罗，当他经过阴森狭长的走廊时，忽然听到有人大声叫唤：“快点放我出去，我没有杀人，我是无辜的！”

顺着声音，亚尔林发现一个相貌清秀的金发青年眼睛布满血丝，声音嘶哑，正拼命捶打着牢门。

“这是怎么回事？”亚尔林问道。

“奥格，杀人犯。”安琪罗简单地回答，“森林公园里巡逻的两名警察被他杀死了，结果他被捉住了，这样严重的罪行，当然被判了死刑。”

亚尔林说道：“可是他说自己是无辜的，看上去他也不像杀人犯。”

安琪罗笑了起来：“聪明的大侦探啊，你怎么糊涂了，到这里的人一半以上都说自己是无辜的，也有四分之一的人看上去不像小说中描述的标准坏蛋。”

亚尔林仍然感觉事情有些不对劲，因为到了死刑监狱还坚持声称自己是清白的，其中一定有问题。他提出应该仔细核对一下奥格的卷宗，安琪罗拗不过，

只好把奥格的卷宗拿来。

根据卷宗的记载，2 个月前森林公园里发生了一起惨案，在一个雨夜，两名巡警被人袭击，第二天他们的尸体才被发现，当时已经天晴了。大雨清除了凶手留下的所有证据，警方在现场只找到一个陷在泥土里的鞋印。

警方立即搜查了整个森林公园，在 1 平方公里以内，只有奥格一个人声称自己是被大雨困住了。警方马上把奥格的鞋子和取得的鞋印石膏模型作对比，结果发现两者完全吻合。

尽管很多人都穿这种款式的鞋子，但是大小完全相同，又同时出现在犯罪现场的可能性非常小。因此，奥格被逮捕，而法院判他死刑，再过一星期就要执行了。

安琪罗看完以后说道："事实很清晰，只有他一个人在现场，鞋印又完全吻合，他也没有不在场证据，这个案件应该没什么疑问。"

亚尔林气愤地站起来说道："正好相反，真是一些糊涂警察！他们难道没有一点常识吗？鞋印作为关键证据，只能说明奥格是清白的！"

你是否也为亚尔林的结论感到惊讶？为什么说鞋印可以证明奥格的清白呢？

5. 投案自首

著名化学家威廉研制出了许多化学产品，因此成了百万富翁。在伦敦市一条繁华大街上，他有一套豪华的公寓，客厅里面挂了很多名画。威廉不仅钻研化学，还对收藏世界名画感兴趣，为了买很多名画，他不惜花了自己将近一半的收入。

一天夜里，有个小偷悄悄钻进屋里，摘下一幅名画卷起来，打算从原路逃走。这时，他被桌上一瓶高档名酒吸引住了。

原来这小偷嗜酒如命，他急不可待地拧开酒瓶，仰起脖子喝起来，不仅可以解馋，还可以壮胆。当他正高兴地喝着时，忽然，他听到门外的响声，也许是仆人听到有什么响动前来巡视了。小偷一听到声音，立即放下酒瓶，夺路而逃。

第二天一早，化学家威廉发现家中几件名画和文物都不见了，急忙报警。纽约警察局派警长赶来，组织破案。

艾伦在屋里转了一圈，见罪犯没留下脚印和指纹，唯独留下一股酒味。艾伦断定窃贼喝了几口酒，便心生一计，要让这罪犯自首。

你知道他想的办法是什么吗?

6. 隐秘的纵火者

有一位叫做德维特的庄园主，他在伦敦郊区的农庄里，种植着闻名全国的玫瑰。德维特对他的玫瑰爱如珍宝，还特意盖了自动调节温度的玻璃房，让玫瑰在最好的环境里成长。

盛夏的一天，德维特担心玫瑰被太阳炙热的阳光烤坏了，他想到可以在玻璃房里铺一些储存下来的干草。又在草上放上大量冰块，玻璃房的温控系统也调到最低。看着温度表上的 22 摄氏度，忙活了一天的德维特终于松了口气。

傍晚时，忽然下起了淅淅沥沥的小雨。雨下的越来越大，直到第二天天亮。德维特望着罕见的雨水，心里充满了喜悦。他不禁感慨：这真是一场及时雨啊！这下气温下降了好几度，再也不用害怕玫瑰被晒坏了。此时，他想买点肥料回来，于是在中午时分套上马车出发了。

马车刚刚出庄园，他突然看到庄园里腾起一股黑烟，接着，红色的火苗也蹿了上来，看方位，正是玻璃房所在的地方！他大惊失色，迅速赶回去。只见玻璃房的干草已经被点燃，珍贵的玫瑰完全被滚滚黑烟吞没了。等火完全扑灭的时候，玫瑰也烧得差不多了。

“天啊，这是谁放了火？”德维特大哭起来。

这是多么惨重的损失啊！他忙着给老朋友贝克探长打电话说：“无论如何，请你一定把那个该死的纵火犯找出来！”

探长和警察立刻到事发现场，令人奇怪的是，现场里只有三个人的脚印，是德维特和两个仆人的，除此之外什么都找不到。

“太让人惊奇了，刚刚下过雨，到处都是湿漉漉的泥，怎么说也应该留下一些脚印吧。”一个警察说。

接着探长询问在附近劳作的仆人，他们也说起火时玻璃房里没有人。德维特悄悄地向探长询问：“怎么会着火，难道是幽灵来纵火？”探长摇摇头，围着玻璃房绕了一圈。

突然，探长注意到玻璃房顶部有一圈圆形的凹槽，这些凹槽围绕着房顶边缘排列，十分整齐好看。“这些是透水孔。”德维特见探长注意，便在一旁解释道，“是用来让房顶积水流下来的。”

探长思考了一会儿：“我知道这些纵火犯了，它们是这些圆形凹槽！”

“为什么？”德维特无论如何也想不通，自己耗费巨资修建的玻璃房，最终却成了害死玫瑰的凶手。

聪明的读者，你能告诉他吗？

7. 隐藏的字体

19世纪末，一种新型武器被沙皇的军事专家们研制出来，但令人遗憾的是，武器的图纸却失窃了。这件事情令当局十分恼火，因为这关系到国家的安危。

警察在大街上一直盘查，人们的生活也开始变得紧张不安起来，但是在那战乱纷飞的年代也只有小心翼翼了。虽然警察们都非常努力，但是仍然找不到任何线索。

无奈之下，警察局局长只好请来了当时著名的大侦探帮助破案。

这一天，探长来到检查站。当眼前过来一个老太太，手里拿着一筐子熟鸡蛋时，就转身问旁边的一位警察："这位老人经常带熟鸡蛋出去吗？"

“是的，我还吃过她的鸡蛋呢，应该没有什么问题。”

“问题就在鸡蛋上。”探长让警察赶紧追回老太太。放在筐底层的鸡蛋壳被剥去后，大家发现蛋白上有清晰的字迹。

你知道这些字是用什么方法写上去的吗？

8．血疑

昨天晚上，传媒大亨约翰的大儿子安托万彻夜未归。今天清晨，安托万的尸体在高尔夫俱乐部的更衣室里被发现。凶手在作案的时候，健壮的安托万曾经激烈反抗过，所以凶手也受了伤。

经过警方的鉴定，安托万衣服上留下的血迹中，不仅有他自己的 A 型血，还有另一种 AB 型血。由此可知，这很可能是凶手留下的，那么，凶手到底是谁呢？

警方在调查中发现，安托万的弟弟阿斯尔正为争夺继任父亲公司总裁的位置和他闹得不可开交，而阿斯尔在案发的当天便神秘失踪了，他的血型无法确定。

另外，安托万的夫人露比是 B 型血，因此虽然更衣室里发现了她的指纹，但可以排除她作案的可能。值得注意的是，露比的哥哥亚恒在案发第二天也消失了，所以他的血型也无法确定下来。经多方推理验证，警方案卷所有涉及的人员就只有这些。

由于这件案件非常棘手，探长便去请教福德侦探。福德仔细听完了整个案件的所有细节，坐在摇椅上沉思起来。忽然，他抬头问："现在知道约翰是什么血型吗？还有约翰的夫人？"

"还不知道。"探长尴尬的挠挠头说，"这件案件和他们有什么关系呢？他们应该不会杀死自己的孩子吧？"

福德胸有成竹地说道："现在看来事情已经很明显了，不如询问一下约翰和他夫人的血型，我们很快就能知道凶手到底是谁了。"

探长猛然明白了福德的意思，他紧紧握住福德的手说："我明白了，不愧是大侦探，真厉害！"

探长立刻回到警局，查证约翰和他夫人的血型。经过法医鉴定，约翰是O型血，而他夫人是AB型血。

请问，你可以根据自己的知识，找到凶手了吗？

9. 电话谋杀案

一天下午，在英国首都伦敦的一条街上，忽然之间，一座房子爆炸起火。幸亏消防队员和警察赶到现场，及时扑灭了大火。

调查结果得知，这场火灾是煤气爆炸引起的，警察在卧室里发现一具老人的尸体。经过解剖发现，他的健康状况良好，但在煤气爆炸前服用过安眠药。

在他卧室中，警方发现有煤气管漏气的现象。令警方调查人员迷惑不解的是，煤气怎么会爆炸？引起煤气爆炸的原因是从哪里来的？

这个地区在爆炸之前已经停电了，起火的原因不可能是漏电引起的。警方怀疑被害人的外甥有作案可能。理由是被害人有大量的股票和宝石，都存在银行里，他立下遗嘱，这些遗产全归外甥继承。也许是老人的外甥想早点继承这笔遗产，而老人身体却很健康，所以才下了毒手。

这房子爆炸的整个过程中，外甥都不在现场，而是在离现场 12 公里远的一家饭店里。服务员还证明，他在饭店里还打过电话，由此说明，外甥并不是作案者。那么，谁是作案者呢？

警方只好将几位专家请来破案，其中有电话发明者贝尔。负责破案的警察局长向各位专家介绍完案情，贝尔先生站起来说：“他的外甥肯定是利用电话作案的！”

请问，你知道作案者如何使用电话作案的吗?

10. 火神的秘密

在南美洲的一个小岛上，覆盖着浓密的热带雨林，而神秘的原始部族——火族就生活在热带雨林里。

由于火神可以帮助部族摧毁任何最强大的敌人，因此火族人认为火神就是自己的保护神。说也奇怪，一旦有其他部族入侵，雨林就会神秘地燃烧起来，敌人不是被乘势赶来的火族人俘虏，就是被燃烧的大火烧死。

一次，水族人决定趁火族人不注意的时候偷袭他们。为了确保偷袭成功，水族人在身上涂满绿色的颜料，花了两天的时间慢慢接近火族人位于湖泊中央的村落。

可是，就在这时，一道火光从天而降，四面的树林瞬间被点燃，阻止了他们进攻。突如其来的大火把匍匐前进的水族人惊呆了，有的落荒而逃，有的满地乱滚。在湖的对岸，猛然惊醒的火族人迅速组织起来，他们手持弓箭、长矛，把偷袭的水族人几乎全部消灭了。

从此以后，附近的部族再也不敢踏上火族居住的岛屿，而关于火族保护神的强大威力，更是被传得更加神奇。

时间飞逝，很快到了19世纪。强大的法国凭借自己的火炮，派出远征军

征服了南美洲的很多国家。

当地很多人传言说火族人有火神庇佑，任何试图侵犯他们的人都将会被烧死。法国人听了不禁大笑，他们根本不相信有这样的事情发生。于是法国远征军在水族人的岛屿上休息了两天，便向火族人居住的岛屿进发。

他们在茂密的原始森林中搜索前进，小心翼翼地排成战斗队形。一些士兵摸着胸口的十字架，四处张望，唯恐火神降临。可是，一路上连一个火族人都没有出现，更别提大火。倒是小动物偶尔蹦出来，让士兵们虚惊一场。

士兵们休息了，正啃干粮的时候，上校弗朗士忽然闻到一股烟味。他猛然回头一看，只见身后的草丛里冒出一团火光，紧接着，火势开始迅速蔓延，远处传来了火族人的叫喊声。法国远征军士兵吓得扔下武器、干粮就跑，他们跌跌撞撞，一路跑到海边。回头一看，岛屿中央已经升腾起一个巨大的火柱，冒出了滚滚浓烟。

弗朗士上校总认为这件事有点难以置信，火神真的存在吗？他决定揭开这个秘密。于是，他带上牧师和几个士兵，潜伏在海边，每天用望远镜观察雨林里的情况。他发现，在平时，雨林里偶尔也会冒起青烟，但是用不了多长时间，火族人立即把火扑灭。难道这是火神出来逞威风吗？

一天，弗朗士发现自己的裤子上有难以洗掉的油脂，他仔细回忆了一下，雨林里的树木会分泌树脂，周围都是大片大片的草地，只有一种小花香味扑鼻，遍地都是。自己一定是在什么地方不小心蹭到的。突然，他好像想到了什么，紧皱的眉头舒展开了。他高兴地拉住牧师，指着自己的裤子说：火神的秘密解开了！

聪明的读者，你可以解释这是什么原因吗？

11. 变色的苹果

巴泽尔探长接到一位科研所所长的报告，说他刚接到一个恐吓电话，要求他把一份绝密文件交出来，否则就会要他的命。无奈之下，他只好请探长晚上

8点到他家，再详细谈谈情况。

晚上8时，巴泽尔探长准时赶到所长家里，按了几次门铃，却不见回音。他见房间里灯亮着，无意之中拧了一下门把手，发现门竟是开着的。探长感觉事情有点不对劲，冲进屋里一看，只见所长昏倒在沙发下面，旁边扔着一块散发着麻醉药味的手帕。

这时，只见所长慢慢地睁开了朦胧的双眼，本能地摸了摸自己的衣服口袋，大声叫了起来："这下完了，那份绝密文件被人抢走了！"

探长一听，忙问："是什么人？什么时候？"

所长看了看手表，说："大概在半小时前，我一边吃苹果一边看电视，听到门铃响了，我以为是你来了。不料刚一开门，两个男人用枪把我顶了回来，开口向我要那份密件，我佯装不知，他们立即用手帕捂住我的鼻子和嘴，然后我什么也不知道了。"

果然，所长咬过一半的苹果正落在电视机下面，电视机的电源已经切断了。探长从电视机下面捡起了那只苹果，瞧了一眼，说："所长，应该是你自己把文件卖给他们的吧！"

所长一听，大惊失色的说："我？怎么可能！"

"你不要再演了，其实罪犯就是你自己！"探长把自己手中的苹果扔在所长面前，所长一看，仍然百思不得其解。探长解释了其中的原因，所长顿时脸色变得灰白，无可奈何地把藏在冰箱里的大包美元交了出来。

聪明的读者，你知道探长如何通过半个苹果，了解到事实的真相吗？

12. 被融化的子弹

炎炎夏日里，一位警官在关岛度假。一天，在离别墅不远的海滩上，他发现躺着一个身着红色游泳衣的金发女郎，走近一看，才看清楚原来是一具女尸，她的腹部中了两枪，鲜血染红了她的整个腹部。

警官仔细检查现场后，发现除了一具女尸以外，没有其他任何线索。在这种情况下，唯一的线索只有她体内的两发子弹了。

想到这里，他马上通知当地警察局，把尸体送进医院解剖。想不到，解剖的结果是体内没有子弹。

警官大伤脑筋，倘若掌握不了子弹的线索，这个案子就没办法侦破。无奈之下，只得请教探长。探长认真地听了警官介绍后说："尸体背后有没有子弹穿过的伤口？"

警官耸耸肩膀后说："没有！"

探长又问："有没有发现子弹被销毁的痕迹？"警官又摇摇头。

探长沉思片刻对警官说："子弹一定在体内，不过现在已经完全融化了。"

请问，探长的依据是什么呢？

13. 煤气惩凶

科里每天靠着为别人画像勉强维持生活，他经常在外面风餐露宿，即使在很劳累的时候，他也不想回到自己那个简易顶棚的家，他认为，家是一个让人担惊受怕的地方，尤其是楼下的尤利西斯在家的时候。

这是一个不足13平方米的小屋子，里面又脏又挤，每当风雨来临时，薄薄的墙板很可能随时都会被卷走。楼下的流氓尤利西斯对科里的这个简陋落脚点却非常恼火。在他看来，屋子以上的空间都应是他私人拥有的。

从科里搬进去的那天起，他就开始处处为难科里，甚至威胁说要把科里杀掉，硬逼着科里搬走。为此，科里吓得整夜不敢合眼。

今天科里恐怕必须回家了，天气预报说晚上将会有大雪，科里无奈地走上了回家的路。刚刚上楼，残暴凶恶的流氓尤利西斯就把科里堵在楼道里，恶狠狠地说道："穷画家，我不是警告过你不要再回来吗？否则我杀了你！"科里畏惧地绕过他，悄悄地爬到楼顶，躲进小顶棚里熬了一夜。

第二天，科里被一阵警铃吵醒了。他连忙起身，只见尤利西斯的屋子已经被警察围住，里面散发出一股非常刺鼻的气味。又过了一会儿，尤利西斯被抬了出来，法医过去测量了心跳血压，摇了摇头，在他身上盖上一幅白被单。

警察得知科里和尤利西斯结怨的情况后，他们搬开科里的床，不禁大吃一惊，只见床下的楼板竟然被割掉了一大块。原来，尤利西斯乘科里不在的时候，割下了位于科里床下的天花板。昨天，他趁科里熟睡的时候，对准天花板上的洞，打开了煤气罐。

因此，煤气应当会从洞里源源不断地进入科里的屋子，最终把科里毒死。更奇怪的是，科里安然无恙，而躲在浴室里的尤利西斯却因煤气中毒而死亡。

科里觉得有点不可思议，可是事实又摆在眼前。

聪明的读者，你可以解释原因吗？

14. 流动的漩涡

一天早晨，著名特工雷迪泡在夏威夷的哥纽伦酒店的浴缸里，在温水中一边洗澡一边思考问题。洗完后，他拔掉浴缸里的橡木塞，看着带着蒸汽的水由左向右打着漩涡缓缓下降。“真有意思！”雷迪笑着说。雷迪穿上米黄色的大衣、戴上便帽准备出门，这时门外传来了敲门声。

“谁呀？”雷迪问道。

“是我，鲁克。”门外的人说道。鲁克是当地最有名的家具店的老板，可是雷克和他没什么来往，他怎么会不请自来呢？雷迪带着疑惑打开了门，却看到一个满脸大胡子的男人，手持长柄猎枪，一脸阴沉地说：“跟我们走一趟吧！”

在雷迪犹豫不决的时候，突然，两个黑衣男人出现在大胡子身后。他们飞快地绕到雷迪旁边，一人捂住雷迪的嘴，并给他套上头套，另一个则用手铐铐住他的手，不到 30 秒钟，雷迪就完全无法动弹了。

这些人把雷迪迅速抬到一辆汽车上。在以后的好几天里，雷迪什么都看不到，只能隐约听到车辆行驶的声音。

接着，他感觉似乎上了船，航行了很久，接着又下了船，重新开始坐汽车。

目的地终于到了，雷迪被关到一个灯光刺眼、铁门密闭的没有窗子的房间。铁门上的喇叭里传来一阵刺耳的声音：“亲爱的雷迪，你耐心在这里等着吧。我们组织的首领被你们抓起来了，现在我们要拿你去换他。”

雷迪非常愤怒，可无论他怎么发火，喇叭里都没有一点儿回音。

雷迪开始清点自己的装备：身上所有的东西都被收走了，仅有鞋子还在，鞋跟上一个微型通讯器能够让他联络到总部，可是他却不知道自己在哪里。

雷迪经过仔细思考，他认为绑架他的人只有可能来自新西兰或者加拿大。如果可以确定方向就好了！他环顾四周，准备找出一些线索。可是周围没有一点光线，更别说弄清楚自己身在何处了。百般无奈，他只好先走进浴室，想好好泡个澡。

泡在浴缸里的时候，雷迪好像忽然想到了什么，他拔开浴缸塞子，看到水流开始以从右向左、逆时针方向的漩涡下降，不由咧嘴笑了起来，因为，他现在知道自己身在何处了！

聪明的读者，你知道雷迪是如何判断出来的吗？

15. 祖母绿失窃案

这一天是大律师切斯特 50 岁生日，他邀请了 12 位好朋友一起庆祝。大侦探家西尔穿着黑色燕尾服，戴着礼帽，含着那个烟斗，也来到了切斯特的豪宅。

客人们陆续到达，随着一首悠扬的乐曲奏起，晚宴正式开始了。切斯特身穿白色休闲西服出现在大伙面前，他举起手中的酒杯，感谢前来参加晚宴的好朋友。

“亲爱的朋友们，今天我真是太高兴了。”他说话的时候眼睛闪闪发亮，双颊泛红。“我有一件珍藏了一个世纪的家族珍宝，愿意和大家一同分享！”

接着，切斯特让管家到书房拿出一个木头箱子。箱子大概是檀木做的，非常沉重，上面还贴着封条。切斯特揭开封条，取出一个丝绒小盒子，打开盒盖，

顿时一颗鸡蛋大小的祖母绿宝石出现在众人面前。

这颗宝石呈现出奇异的深绿色，通体透明，在灯光下折射出七彩的光芒，真是一件无价之宝！参加宴会的客人一齐啧啧赞叹起来。

“詹姆雷斯爵士来拜会您。”一个仆人跑进来说道。

听到詹姆雷斯爵士来访，切斯特非常激动。他忙着把装祖母绿宝石的小盒子放回木箱里，然后顺手拿起糨糊贴上封条，就出去迎接贵客去了。詹姆雷斯爵士发表了即席讲话，晚宴的气氛顿时达到了高潮。

听说切斯特拥有罕见祖母绿宝石，詹姆雷斯爵士也很想看看。当切斯特撕开还很潮湿的封条，打开小盒子，不禁大吃一惊，就这一会儿工夫，祖母绿宝石竟然不见了！

木箱放在桌子上，只有片刻时间。可以确定的知道，一定是哪位客人偷走了宝石。但是，参加晚宴的人都是很有声望的名流，总不能让每个人脱下衣服检查吧！切斯特顿时没了主意，只好请求西尔帮忙。

西尔仔细观察了盒子，看到了封条上的糨糊，对客人们说道：“刚才大家应该都看到了，祖母绿宝石的确很漂亮。如果谁在和切斯特先生开玩笑，请赶快把宝石拿出来；如果没有人承认的话，我只需要一点儿碘酒，就能找出是谁在开这个天大的玩笑。”

西尔的话一说完，众人中有一个客人顿时面如土色，只好把祖母绿宝石拿了出来。

聪明的读者，你知道他为什么对碘酒如此害怕吗？

16. 轮胎里的毒气

一天早晨，一位董事长死在自己别墅的车库里。经过检查得知死因是氰酸钾中毒，唯一的可能是在准备出车库时，吸入剧毒气体致死的。

警方很奇怪，案发那天，现场未发现任何可能产生的氰酸钾的容器和药品，并且周围没有任何人接近车库，案发现场没有任何线索。那么，罪犯究竟是用了什么手段将董事长毒死的呢？

调查这一案件的侦探发现，汽车的一个轮胎气已经跑光，被压得扁扁的，这和董事长中毒之死有什么关系呢?

17. 上校的神秘之死

在第一次世界大战期间，华蒙托夫作为同盟国的指挥官向协约国投降了，这对同盟国将十分不利。华蒙托夫熟知同盟军的兵力分布、战术甚至将领的习惯，这些绝密情报让他成了同盟国军队的头号敌人。

同盟国军队曾派出了许多身怀绝技的人去刺杀他，但华蒙托夫上校是一名拳击对手，并且护卫森严，因此，刺杀他的人都以失败告终。这些刺杀他的人不是被抓住，就是在铁拳下丧生。华蒙托夫为此扬扬自得，自称是“不怕暗杀的人”。

一天傍晚，为了观察同盟军队的情况，华蒙托夫上校带着警卫偷偷爬到一座山上。这座小山尽管不高，却十分陡峭，山下有一条蜿蜒的小河。华蒙托夫上校带领警卫们悄悄攀上山顶悬崖，趴在悬崖边缘观察同盟国军队的部署情况。

过了一段时间，警卫们发现上校趴在悬崖边缘一动不动，轻声呼唤仍然没

有反应，不由担心起来。他们凑近华蒙托夫上校身边一看：上校竟然死了！警卫大惊失色，连忙把华蒙托夫抬回营地，请军医鉴定。

军医经过仔细检查，发现华蒙托夫全身没有一处伤痕，华蒙托夫的身体平时体壮如牛，怎么会突然间死去呢？一时间，谣言四起，大家都说这是上帝的震怒，叛徒得到了应有的惩罚。

一位著名的探案专家知道了这件事情后，他稍微思索了一会儿说："这不过是一个巧妙的杀人事件，如果我没有猜错的话，华蒙托夫的望远镜当时一定遗落或者丢失了。"

后来，半信半疑的人们重返那座小山，果然在小河中找到了卡在河床上的望远镜，揭开了上校离奇死亡的秘密。

聪明的读者，你知道上校是怎么死去的吗？探案专家为何在千里之外，也可以预见到一架失踪的望远镜呢？

18. 烧不焦的罪证

王某家独自住在村外，一次他发觉其妻与别人私通，十分气愤，扬言要杀死奸夫。

这天晚上，他妻子趁王某喝醉，和奸夫一起用绳子将其勒死，然后放火烧毁了房子。王某的尸体被烧焦，颈部一片模糊。

县令问王某的妻子："你和丈夫睡同一个房间吗？"

王妻回答说是的。

"既然如此，为何你的丈夫烧死了，而你却保全了性命？"县令又问道。

"起火时，我丈夫由于喝醉了，睡得很沉，我怎么也推不醒他，附近又没人，火越烧越大，我迫不得已才逃离火海，赶去喊人。"这位妻子哭诉着丈夫被烧死的经过。

经过对尸体的检查后，确定王某是死后被烧。

试问：县令是用什么方法确定的呢？

19. 当心蝮蛇

这件事情发生在日本。在一个晴朗的日子里，一对喜欢徒步旅行的夫妇到京都郊外去采集春天的野菜。当他们走到一个小池塘边上的杂木丛林里时，猛然间发现地上有一具中年妇女的尸体，于是惊慌地报告了警察。

这个中年妇女看上去也是来采山野菜的，采到的山野菜都放在塑料袋里。通过鉴定塑料袋里的山野菜得知，死亡时间为两三天以前，但在尸体上却找不到明显的外伤。

为慎重起见，警察把尸体交给大学医院解剖，医生们通过解剖发现，死者的血液里含有大量的卵磷脂酶。

“先生，卵磷脂酶是什么？”年轻的刑警听到陌生的专业用语，问解剖的医生。

“是一种蛇毒，这种毒液进入身体的血液后，血清中的磷脂便分解成卵磷脂，大量杀死细胞，以致夺去生命。解剖医生发现在死者的左腿和小腿上有两处被蛇咬的痕迹，一般蝮蛇习惯于咬长筒袜上方的部位。”医生详细地讲解着。

刑警想起现场的状况，会意地点着头。

可是，当他返回署里报告署长时，署长却不断质疑：“什么？蝮蛇！胡说！即使死因是蛇毒所致，也不是在这里被毒蛇咬死的，这是巧妙作案的杀人事件。”

年轻的刑警吃惊地问：“这是什么原因呢？”

署长说：“罪犯将蛇毒注射到被害人的体内，再将尸体扔到杂木林里，伪装成被蛇咬的现场。而像被蛇咬的小小的伤痕，一定是用针注射的痕迹。尽管如此，他也是一个愚蠢的罪犯。”署长果断地下了结论。

请问，署长是根据什么下结论的呢？

20．倒在血泊中的鸵鸟

R国为了庆祝建国60周年而举行了一系列盛大的庆典。除了彩车、巡游、鲜花外，动物园还特地从非洲订购了一批珍稀动物，免费向公众巡展一个星期。

这次从非洲运来的动物中，不仅有大象、狮子、鸵鸟这些大家都熟悉的动物，还有山地大猩猩、白犀牛等难得一见的珍贵品种。动物园里出现了从未有过的热闹场面，每天赶来参观的人都络绎不绝。

今天是动物园最后一天免费开放的日子，当动物园的大铁门打开后，排在最前面的孩子们便欢快地叫起来，一窝蜂地朝前冲过去。

突然，一阵惊恐的尖叫声从人群中传来。大人们连忙跑上来一看，不禁也吓了一大跳，只见两只参展的鸵鸟倒在血泊之中；更刺眼的是，凶手竟然残忍地剖开了鸵鸟的肚子。

警察用最快的时间赶到了现场，他们经过仔细检查，在一个很不起眼的地方发现了被锯断的铁栏，地上还找到了麻醉枪的弹壳。原来凶手早有准备，他锯断栏杆，用麻醉枪制服鸵鸟，迅速作案并离开，没有留下任何有价值的线索和指纹。

警察局长一边察看现场，一边忍不住咒骂：“该死的凶手！为何要用这样凶残的手段来对付两只鸵鸟？”

一同赶来的侦探点头说道：“很好，你说到了点子上，原因是什么？”

警察局长愣了一下：“不知道。也许凶手是心理变态吧？”

侦探摇头说道：“显然不是，凶手的目的并不是杀死鸵鸟，因为他使用了很专业的麻醉枪，他的目的是剖开鸵鸟的肚子！”

警察局长有点糊涂了：“他为什么要这样做呢？你的意思是说，这是一桩

悬案？"

侦探笑笑说："不，现在凶手已经找到了，很可能就是运送动物的公司，这应该是一桩走私案。"

警察局长更加迷惑了，聪明的读者，你可以为他解开心中的谜团吗？

21. 冰雪疑凶

冬天的苏格兰非常美丽，很多游客都喜欢到这里欣赏美景，这里不但可以在滑雪场上尽情运动，还可以观赏这冰天雪地的景致。

侦探家和一位警察也离开了多雾潮湿的伦敦，来到滑雪场附近的朋友家里，他们白天的时候滑雪，晚上看书，准备在这里度过一个惬意的冬天。

这一天，警察到屋外散步，当转过一片小树丛的时候，忽然从树丛后面跳出来一个全身上下湿漉漉的黑衣男人。看到警察，他马上大喊起来："快来人，有人落水了，赶紧帮忙救人呀！"

"发生什么事了？"警察连忙跑过去，热心地问："谁落水了？在哪里？"

那个男人抓住警察的手说："我和朋友一起出来散步，我们从结冰的湖面上走过，一块薄冰突然裂开，我的朋友竟然掉了下去，天啊！我却没有拉住他，随后我跳下水去，也没有找到他在哪里，只好跑来找人帮忙，我们快去救他吧！"

侦探家什么也没说，立即和那个男人一起向湖边跑去。他们穿过树丛，越过土丘，然后在冰面上艰难跋涉。看到那个男人的衣服几乎都快结冰了，警察连忙把自己的大衣脱下来给他穿上。

大约走了半个小时，他们终于到达了发生事故的地方。大雪仍然下个不止，破裂的冰层上已经结了一层薄冰，经过了这么长时间，看来失足落水的人已经没有生还希望了。

"詹姆，我的朋友，我来晚了！"那个男人扑倒在地，伤心地大哭起来。

侦探家拉住他说："你还是省省吧，你这出戏演的倒不错，可惜却碰上了我们。你虽然精心策划，但还是留下了破绽。"

警察有些不解地问道："现在死者还未打捞上来，冰层破裂也不像人工切割的样子，你怎么判断他的朋友是被害死的呢？"

侦探家微笑着说："不错，冰层的确是自然破裂的，但这并不能说明他的

朋友是失足掉下去的。根据我的判断，很有可能是被他杀害以后，扔到水下去的！”

你知道大侦探为什么能识破杀人犯的诡计吗？他在哪里露出了马脚？

22. 反守为攻

一年秋天，上海一家皮革厂的一批产品从上海发货，从海上运到日本东京。当东京的客户打开包装的启封时，竟然发现崭新的衣服里面有黑压压的成群蚂蚁，装衣服的盒子变成了蚂蚁窝！

这怎么了得！日方老板一气之下，把成箱的衣服用飞机运回到上海，向皮革厂提出强烈抗议，并要求经济赔偿。

这则消息如同晴天霹雳，让一直以信誉取胜的这家皮革厂领导层惊呆了。他们一面组织谈判代表团处理这起前所未有的“外经纠纷”，一面迅速向科学院等部门求援，请专家调查这起“蚂蚁案”的前因后果。

科学院推荐了一位从事蚂蚁研究工作50多年的专家——丁楷先生，丁先生问明了皮革厂的地址，查看了从那批皮革里抓来的“样品”，并组织了两名教授进行“攻关”。结果，丁先生拿出的证据使厂家反败为胜。

聪明的读者，你知道这份证据是什么吗?

23. 两台电风扇

一天傍晚，在印尼首都雅加达的一幢公寓里，警察在一个房间里对一具只穿着内裤的男尸进行检查。表面上看他似乎是在吊床上睡午觉时死去的，警察观察了四周，发现室内摆着两台停止转动的电风扇。

验尸结果表明死因是窒息死亡，奇怪的是，尸体上竟没有一处痕迹，只是在肠胃里检查出一些安眠药，但根本不够致死的剂量。

死亡时间为下午3点左右。警察考虑到死者在睡午觉时窒息有些不合情理，因此警察把它当做他杀而立案侦破，第二天就抓到了罪犯。罪犯是被害者的表弟，原来死者曾经从其表弟那里借了一大笔钱。

你知道凶手到底使用了什么手段，让被害者窒息身亡的吗？

24. 盗贼的失误

特朗公爵的遗孀密藏了一件稀世珍宝，这是一颗重达 50 克拉的大钻石。大盗安德鲁因病卧床，于是叫来两名助手德卡和迪格，命令他们说："你们俩把那颗钻石偷来，这正是考验你们的一个好时机，它就藏在客厅的秘密保险柜里。"

"如何打开保险柜呢？"

"这个保险柜的密码非常复杂，如果我去的话一定可以将锁打开，可对你们来说就不容易对付了。因此不管采用什么方法，只要打开保险柜的门就行。公爵夫人外出旅行了，现在那是一座空房。"

于是，两个助手带了高压氧气瓶和氧气切割机，悄悄溜进了那所房子。从卧室的墙上揭下一张油画便看到了保险柜。尽管它很小，但却是钢制的，又镶嵌在墙壁上，所以将保险柜搬走是不可能的。

两人操起氧气切割机干了起来。灼热的火焰很快将保险柜的门烧红了一大块，不久就像糖稀一样开始熔化。很快，保险柜门就被切割出一个大洞。德卡顺着洞往柜里一看，除了一小堆灰之外，里面什么都没有。

"奇怪，怎么没有看见钻石呢？"

迪哥很吃惊，套上耐火手套伸进去一摸，里面真是空的。两人顿时像泄了气的皮球一样返回大盗那里。

“没有找到钻石吗？你们俩究竟怎么打开保险柜的？”大盗追问道。

“我们用的是氧气切割机，用它不会有太大的声音。”

“真是笨蛋！再大的声响也不要紧呀，那是一间空房，为什么不用电钻？”大盗痛骂了两人一顿。

聪明的读者，两名助手为什么没有找到钻石？

25. 聪明的探长

一批价值连城的艺术珍品在凡尔赛博物馆不幸失窃。波拿巴探长率领一个小分队，以迅雷不及掩耳之势，抓住了几名重要的罪犯，可是那些艺术品却仍然没有找到。

这时，一个主犯招认说艺术品被农场主莱恩用一个大铁箱装起来，然后埋在石磨的下面。警察知道这个信息后，迅速冲进莱恩的农场，发现莱恩的眼睛

闪出一丝惊慌，朝院子里那两个篮球场般大的晒谷场瞟了一眼，立即镇定下来，委屈地说自己从来没有触犯政府法令，对于今天发生的一切，他要请农场主协会的律师提出控告。

警察们把磨坊里的石磨移开，在下面挖了一个又深又阔的坑，坑底已见到了生土，再挖去也没有什么意义了。

探长跳进坑底，他看到坑壁一层层泥土，中间有一段跟别的不同，用手捧了一把，里面还有完全新鲜的小麦梗，好家伙，一定是听到了什么风声，把铁箱转移了。

探长不禁产生疑问，可是铁箱会转移到什么地方去呢？麦田里？树底下？还是床底下？没有目标如何去找？本以为轻而易举的事，现在变成了难题。

探长脑子飞快地转动着，他一点一点回忆进村后莱恩的一举一动，突然一拍大腿，招呼警察们说："不要再挖这里了，跟我到院子里。"

突然，探长想出了一个办法，他带领警察们来到院子里，然后命令他们去打水，把晒场分成若干块，一块一块地浇上水，只见水浇到泥土地上，很快渗了进去。大约是好久没有下雨的缘故吧，浇上一块，干一块，场地上只不过因为吸了水分，颜色变得深一些罢了。

莱恩在格雷的监视下，一声不吭瞧着警察们做这种看来毫无意义的事。终于，当水浇到刚才福斯站过的那块场地上时，探长突然宣布："停"！他指着一块颜色更深的泥地，叫警察往下挖，自己却回头朝莱恩瞧去。他看到，莱恩脸色惨白，惊恐万分。

很快，挖出了一只铁箱子，里面正是那批珍贵的艺术品。

请问，探长是如何知道铁箱子的藏处?

26. 转动的钓鱼线

一个盛夏的中午，在一所公寓的房间里，一名男子被人勒死了。警察在尸体旁边发现一台电风扇嗡嗡地转着。经检验他刚刚死去几分钟。

房门的扣链从里面挂着，房间的窗户插着插销，整个房间与外界完全隔绝，房门与门框之间没有缝隙，不可能用工具拨动房门内侧的插销将门插上。

一位刑警猜测，凶手可能是用大头针、浆糊、冰激凌之类的东西，把房门的扣链先斜着固定住，然后迅速出去，从外面使劲敲门，使扣链正好落在扣链槽里。

这个观点很快被否定了，因为死者死后几分钟就被发现了，扣链上应该留下浆糊或冰激凌之类的痕迹，大头针也该在现场找到，但现场却没有上述痕迹。

赶来现场的探长经过仔细观察，他发现电风扇扇叶轴上卷着一根很长的钓鱼线，于是他问道："这间房子的保险盒安装在什么地方？"（保险盒就是装有保险丝的开关。）

公寓管理员回答："每间屋子都是安装在门的外侧。"

"我已经解开这个谜啦。"

你知道探长是怎样解开这个谜的吗？

27. 化险为夷

一架波音 767 大型客机正由波士顿飞往西雅图，这时已经是晚上 11 点。坐在飞机上的乘客大部分已经睡着了，仅有少数乘客还醒着。而这班飞机的一个空姐却注意到一个问题，坐在 19 排 B 座的身穿黑色西服的秃顶的外国男人，显得非常焦虑。他不停地左右张望，似乎又在犹豫什么。

空姐悄悄叫来机上的乘警商量，他们越看越觉得可疑：飞机上的温度维持在舒适的 25 摄氏度，可这位乘客却捂着厚厚的外套和毛衣，难道他在隐藏什么东西？出于对安全的考虑，乘警走到他面前说道：“先生，需要帮忙吗？”

这个男人非常惊讶，结结巴巴地回答道：“不，算了，不，不要。”

乘警对他的表现更加怀疑，他加重了语气：“可以请您到机舱后面来一下吗？我们有事情需要您配合。”

那个男人瞬间脸色变得惨白，他缓缓站起身，忽然从腰间掏出一枝手枪，叫道：“举起手来，转过身去，不要靠近我，滚开，都滚开！”

就在乘警按照持枪者的要求转过身去的时候，坐在 20 排 B 座的一名小伙子趁持枪者不注意，猛然勒住了他的脖子，一只手钳住手枪，乘警迅速将手枪夺了过来。

就在乘警向 20 排那位见义勇为的好青年道谢的时候，持枪男子却冷冷地开口说话了：“不要高兴得太早，这注定是一班飞向地狱的班机。我早就在飞机机翼上绑上气压炸弹，只要飞机从万米高空下降到海拔 2000 米以下，炸弹就会把飞机炸成碎片！”

乘警连忙跑到舷窗边一看，果然机翼下方有两枚黑色的炸弹！现在该怎么

办？一方面在万米高空，根本没有办法拆除炸弹。另一方面如果不降落，汽油是会耗尽的。乘警忙将这个噩耗告诉了机长，机长思索了片刻，果断地掉转了航向。

一个小时后，飞机呼啸着安全降落在机场，全体人员安然无恙。持枪男子不禁目瞪口呆，他实在想不明白，灵敏的气压炸弹怎么会没有爆炸，聪明的读者，你能告诉他吗？

探

Detective

Chapter5

第五章

细节中探索真相

细节是探案的突破口，细节是揭开事实真相的关键，这就是细节的重要作用。每个案件中都有很多疑点，只要你注意细节，就可以找到问题的答案。不论多么天衣无缝的犯罪，只要是人做的，就没有解不开的道理。

1. 失窃的公文包

传媒大亨威廉向西班牙造船厂订购了“伊丽莎白”豪华游轮，花费了3000万美元。这艘豪华游轮长260英尺，有三层舱体和双层甲板，能够为80名贵宾提供舒适惬意的旅程。

威廉邀请了世界传媒集团的大亨们乘坐“伊丽莎白”号远航日本，去享受日本最新鲜的鲑鱼和生鱼片大餐。大亨们对这艘“游艇之王”赞不绝口，德国传媒集团的总裁加伯德甚至用嫉妒的口吻说，把全世界报纸的利润加起来，也只够造2艘“伊丽莎白”号。

威廉得意地笑了，同时他还告诉大家现在已经进入日本海的航程。大亨们听说已经来到日本领海，纷纷挤上甲板，想看看这个岛国的面貌。令他们失望的是，这里连小片陆地都看不到，更别提白雪皑皑的富士山了。

没有看到特别的风景，大家显得很失望。只好又重新回到客厅，讨论起如何提高数字电视技术的枯燥话题。忽然，加伯德惊叫起来，他的公文包不见了！

一时之间人们都围上来，大家都知道一个总裁的公文包失踪意味着什么，那里面不但有信用卡、大量现金和空白支票，还有很多机密资料和信息，这些信息的价值简直无法估量。

威廉非常生气，他发誓一定要找出盗贼，因此找来船上全部的护卫。经过仔细回忆，每个人都互相证明了自己刚才都在甲板上。也就是说，船上的船员很有可能偷走了公文包。

威廉立即把船上的5名船员叫了过来一一询问。其中有船长、技师、电力工程师和两名船员。船长说，他刚才在驾驶舱里一直没走开过，有录像带可以证明；技师说他一直在机械舱保养发动机，好让发动机能一直保持37节的速度，可是没有人可以证明；电力工程师告诉威廉，他刚才在顶层甲板更换日本国旗，挂上去以后才发现挂反了，于是重新挂了一次，有国旗可以作证；另外两名船员说他们在休息舱打牌，可以互相作证。

威廉听完，马上指出了其中一个人在说谎，并且让他交出公文包。

请问，你知道谁偷了公文包吗？到底哪一个人说了谎？

2. 解开语言的奥秘

一天，奇特探长接到鲁克先生打来的电话。他报告说，他押运的那车厢中的一袋钱币被人抢走了，里面一共有200万美元的旧钱币。

探长放下电话，立刻带领助手赶到现场。经过仔细检查，他们在靠近车门的地方发现了两支只抽了一半就扔掉的烟头，没有发现任何可疑的痕迹。鲁克脸上有一道血痕，头发蓬乱，非常狼狈。

他向探长讲述了他与歹徒搏斗的经过：昨天上午8点半，我像平时一样，把站台上所有的东西装上火车。这时候，我的上司用手推车推来一个邮袋，对我说，这个邮袋里面装的是要销毁的旧钱币，共200万美元。

他要我把这个钱币袋也装上火车，运到终点站以后，就交给站长。他还对我说，不让任何人知道这件事。我就把它装上火车放在我的小桌子下面，这样便于重点看管。大约11点05分左右，我在准备着下一站要搬下去的东西，突然听见有人敲门，我就去开门了。

"那么你是否还记着是怎样的敲门声呢？"

"一开始是轻轻地敲了两下，然后又重重地敲了3下。"

"这时进来两个戴着面具的人，仅有两只眼睛露着，我根本不认识他们。哦，我想起来了，他们还戴着手套呢。"

"他们进来以后做了些什么？"

"那个大个儿胖子进来后没等我说话，就一拳把我打倒在地。然后就用绳

子把我捆绑起来，正在这时，那个瘦个儿取出小桌下面的那个钱币袋，并把它扔下去……”

“那么你脸上的伤是怎么回事呀？”

“那个大个儿胖子手上的戒指划的。”

“哦，那他戴戒指是什么样的呢？”

“是金戒指，上面似乎还有一块蓝宝石。”

“你讲得真是太生动了，”探长说，“来，抽支烟。”

“谢谢您，我不会抽烟。”鲁克说。

“原来你不会抽烟，那车厢里的两个烟头是怎么回事？”

“哦，对了，就是那两个人的，他们进门时每人叼着一支吸了一半的香烟。”

“他们待在车厢的时候，你听见他们说些什么吗？”

“没有，因为当时火车的声音很大。”

奇特探长微微一笑，说：“我已经破了这个案子，你就是罪犯！”

聪明的读者，你知道探长为什么这样说吗?

3. 兄弟被杀

一天清晨，保险公司总裁熊本一郎在别墅的花园里像往常一样散步，不幸被一名蒙面刺客开枪打死。

闻讯而来的斯托弗探长在死者的保险箱里，发现总裁的死与两个兄弟及一个姻兄有关。于是斯托弗来到熊本一郎姻兄金田村刚的家里，准备调查。

这时金田村刚刚起床，正在花园里锻炼。探长对他说：“金田村刚先生，刚才你的兄弟被人杀死了。”

金田村刚一听，惊恐万分地叫了起来："不可能！我昨天晚上还和熊本一郎在一起，怎么才一个晚上就死了，太不可思议了！"

斯托弗探长点点头，说："熊本一郎的确死了，我们希望你可以给我们提供一些线索。"

金田村刚沉思片刻说："熊本一郎和他的两个兄弟关系很紧张。因为家庭财产的事情，三个人弄得很僵。听说要上诉到法院裁决。弟弟好像和他的太太关系暧昧，他十分恼火，早就扬言要报复他的弟弟，我认为，这两个兄弟都有杀人的动机。"

斯托弗警长认真地听他叙述，随后把他从头到脚打量一番说："金田村刚先生，为什么不谈谈你自己的情况呢？你不是一直嫉妒熊本一郎有权有钱吗？"

金田村刚听后，脸涨得通红，生气地说："请你不要胡言，我不否认，但你也不能认定我是凶手呀！"

"别想得太天真了，最值得怀疑的不是别人，反而是你！"

金田村刚极力掩饰，但仍掩盖不住自己内心的惊慌。果然不出所料，警察在他家里搜出了凶器。

请问，斯托弗警长是怎样识破金田村刚的伪装呢?

4. 海面上的呼救信号

近几天，著名的雷西探长一直在调查市政府官员戴里克被害的案子。一天黄昏，他驾车来到海边的港口，踏上一只帆船，找到了涉嫌者韦尔斯。

韦尔斯听雷西探长说他的朋友戴里克被人杀害后，显得异常惊恐，嘴里的雪茄差点掉下来。探长询问韦尔斯，出事的时候——也就是那天下午1点至3点，

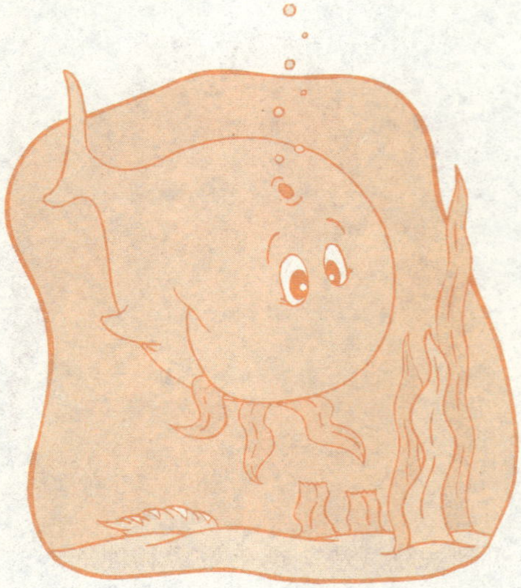

他在什么地方。

韦尔斯歪着头想了想，说：“哦，那天天气很不错，大约中午 12 点，我顺风驾船出海办事，不料船开出一个小时后，发动机就坏了，这时，海面上没有一丝风，船上又没有桨，我的船被困在大海上，无法靠岸。情急之下，我在船上找到了一块大白布，在上面写上‘救命’两个黑色大字，然后把桅杆上的旗子降了下来，最后将白布升了上去。”

“哦？”雷西探长很有兴趣地问，“是否有人看见？”

韦尔斯笑着回答：“当时我挺幸运的，大概 20 分钟之后，就有人驾着汽艇过来了，那人说他是在 3 英里外的海面上，看见了我的呼救信号。后来，他就用汽艇把我的船拖回了港口，这时候已近黄昏了。”

韦尔斯说完，轻轻地呼了口气，谁知雷西探长却对他说：“韦尔斯，现在如果方便的话，请立刻随我到警局走一趟。”

韦尔斯顿时面如土色：“这是为什么呀？”

雷西探长是如何判断出作案的人就是韦尔斯？韦尔斯的谈话中有疑点吗？

5. 说谎者

亚尔弗探长正在吃饭，突然，电话铃响了。亚尔弗探长接完电话，了解到唐人街的点心店被抢了，他要尽快赶到现场去。

探长一边收拾东西，一边接着说：“有人正好看见阿尔杰从店里跑出来。”

“阿尔杰不是关在监狱里吗？”探长太太说。

“是的，不过，他判了 5 年徒刑，刚被放了出来，目击人只是看了他一眼，也有可能看错了，我得问问阿尔杰本人去。”

警车在城北角的公路上停了下来，探长看见院子里停放着一辆蓝色的轿车，一个高个子青年站在大门口，怀里抱着一个一岁半左右的赤脚小男孩。

探长大声命令阿尔杰：“快放下孩子，举起手来！”

阿尔杰把光脚丫子的小男孩放在蓝色轿车的挡泥板上，然后举起手问道：“探长先生，这是怎么回事？”

“3小时前，唐人街的点心店被抢了，有人看见你从那家点心店里跑出来。”

阿尔杰听了哈哈大笑：“3小时前我根本不可能在唐人街，我一整天都……”

阿尔杰刚说到这儿，探长突然大叫一声：“危险！”一个箭步冲到小男孩跟前。

原来不知什么时候小男孩爬到汽车引擎罩上去玩，不小心滚到引擎罩边缘，眼看就要掉下来了。探长迅速冲过去抱住了小男孩。

“啊，谢谢你，探长先生，”阿尔杰说，“这是我的外侄。”

探长接着问：“今天你去了哪里，必须如实告诉我。”

“今天早晨我开车到远离本市几百里的海滨去了，如果说在3个小时前，我还在路上拼命赶路呢，您这会儿来，我才到家里5分钟。”

探长看了看手表：“这么说，你12小时开车跑了将近1000公里路程。不过，6点左右，你遇见过其他人吗？”

“我在 4 点的时候加了油，买了个汉堡包，接着我就直接回家了，我和点心店的抢劫案一点关系都没有。”

“你说的话是否属实？”

“句句属实，我早已不干坏事了。”

探长立刻指出他在说谎，你知道这是为什么吗?

6. 相似的车牌号码

午夜的街头显得有些冷清，看不到一个人影。正在这时，车祸发生了，一个黑衣男孩被一辆疾驰而过的轿车撞出近 5 米远，然后重重地跌在地上。

轿车司机迟疑了片刻，猛然加速逃离了现场。出租司机艾伯特从后视镜中目睹了这桩惨剧,他立刻记下肇事车的车牌号码,然后拨打急救电话和报警电话。

等医生和警察赶到的时候，男孩已经由于失血过多死去了。出租司机把他记下的车牌号码 15UA03 告诉了警察。

警方立刻组织人手调查，查到了 15UA03 车车主的住址。他们把这个肇事的恶棍从床上揪出来，可他却满脸惊愕的表情，似乎受到了天大的冤枉。无论怎么盘问，他都不肯承认自己在一个小时以前开过车，更不承认自己还撞过人。

他打开车库，让警察随便调查取证。在车库里，警察们不禁面面相觑：15UA03 号车子是一辆廉价的日本车，而不是艾伯特说的昂贵的跑车。这辆灰色日本车没有任何刮擦的痕迹，看来真是冤枉了好人。

随警察一齐来辨认的艾伯特非常惊讶。作为一名司机，他对记录车牌这样的事情非常熟练，他清楚记得自己看到的车牌就是 15UA03，而且当时立即就记了下来，绝对不可能弄错。

警察找到了 15UA51 号、15UA30 号、30AU51 号和 15AU03 号四个最相近的车牌认真分析，终于找到了真正的肇事凶手。

聪明的读者，如果你是负责侦办这个案件的警官，你认为最可能作案的车应该是哪一辆？

7. 树下的谋杀案

一天中午，警员列德和奥斯顿在巡逻。当他们走到一个公园里时发现一个人倒在一棵李子树下，已经死了。这个人赤着双脚，他的脚尖到脚后跟有好几道纵向擦伤，渗出的血早已凝固了。他的后脑不偏不倚地磕在一块突起的石头上，流出的血说明致命伤在这里。

"也许是想爬到树上偷李子吧？不过他一定没有想过会因脚滑从树上掉下来摔死。这个可怜的窃贼，为了几颗李子把命送了。"列德摇摇头对奥斯顿说。

奥斯顿对列德说，"你在这里等一会，我去打电话报案。"

不一会儿，探长和法医赶到现场。探长听了汇报又检查了死者的伤之后生气地说："你们的脑袋怎么连幼稚园的小孩都不如，这么简单的道理都没看出来吗？"接着他又说："看明白没有？这个人不是从树上滑下来的，而是有人杀了他，然后故意伪装成这个样子。"

你知道探长为什么这样说吗?

8. 瞬间的亮光

暑假，大学生陈可和几个朋友去一家公司面试，他们希望在那里找一份兼职工作，碰碰运气。

他们要去面试的地点在一座大厦里，于是陈可几个人很快钻进了电梯，这时电梯里还站着一位穿着讲究的女士，她胸前的那枚胸针十分显眼。女士的旁边是一位中年男子，一副不苟言笑的样子，他不时的抬起左手拢一拢头发，陈可清晰地看到他手腕上戴着一块劳力士荧光表。女士的另一边是一个穿着邋遢的青年，他不时地用眼睛瞟那个女士的胸部。这位女士很反感，却又无可奈何，只好侧着身子。

突然，电梯的照明灯熄灭了，大家一阵惊恐，恰在这时，陈可感觉眼前有一道亮光闪过，身边的女士立刻动了一下，并随之自言自语了一句话。大约 20 秒钟，电梯里恢复了光明，大家都嘘了一口气。

这时，在陈可身边的那位女士忽然发出一声尖叫："我的胸针怎么不见了。"

大家都奇怪发生了什么事，只听那女士说："刚才电梯停电的时候，我觉得有人在我胸前碰了一下，由于漆黑一片，我也不好意思说。现在低头一看，才发现胸针竟然不见了。"说着，她把两只怒目紧盯着旁边的年轻人。

年轻人让她看得直发毛，终于忍不住说："不要老瞅我，我可以冲天发誓，不是我偷的。"这时陈可想了想，他把年轻人拨开说："我能证明钻石胸针不是你偷的。"然后他转过身对那个中年男子伸出了手："先生，请你把拿去的胸针还给这位女士，不然我就叫保安了。"那位中年男子想申辩，却没有吐出半个字。

你知道，陈可是根据什么推断偷胸针的是那个中年男子呢？

9. 谁是陌生人

一天晚上，珠宝商用高价从一个破产的贵族那里买到一颗非常珍贵的宝石。一个盗贼听说了此事，就假扮成珠宝鉴赏家来到了珠宝商家里。两人谈得十分投机。“鉴赏家”对宝石的赞不绝口，把珠宝商好好地恭维了一遍。看完后，珠宝商当着“鉴赏家”的面把它们放回一个小房间，上了锁，并让一只大狼狗守在门口。

半夜，这个贼偷偷溜进了珠宝商的房子，正当他拿到那颗宝石准备越墙逃走时被珠宝商发现了，在黑夜里两个人打了起来。让人迷惑不解的是，那条大狼狗不但没有咬贼，反而把主人咬伤了，“鉴赏家”趁机带着宝石逃跑了。

珠宝商十分沮丧地把灯打开，看到地上的破睡衣，心中充满了愤怒。“这条该死的狗，我养着你还有什么用，你都不认得主人！”说着就要把狗赶出去，但那只狗仍然围着睡衣团团转。

“亲爱的，你去看看那件睡衣是怎么回事？”珠宝商的老婆感觉狗有点奇怪。

珠宝商捡起那件破睡衣仔细看了一会儿，忽然叫着：“啊，不！这件睡衣不是我的。我的那件睡衣的前胸口有一块污渍。”

"现在我知道这是什么原因了。"老婆说。

你知道这是什么原因吗，小狗为什么会咬自己的主人？

10. 略有不同

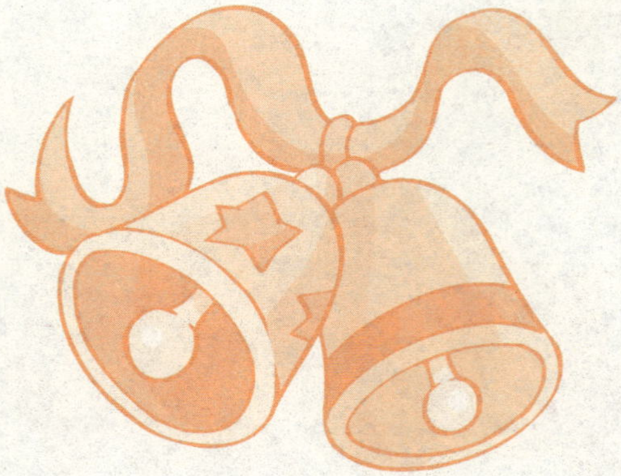

一个小伙子杀人之后，不一会儿便逃之夭夭，警探赶到现场后，没有发现线索，后来根据目击者提供的情况，在一家饭店里找到了这个嫌疑犯。可这个小伙子却说自己吃过饭后，一直在这里看电视，根本就没有离开过饭店。

饭店的经理和周围的工作人员也证实了他的说法。从衣着和相貌上看，目击者认为这个小伙子就是刚才那个作案者。

随后，警探化验了凶手留下的指纹，结果，指纹和这个小伙子的明显不符。

警探恍然大悟，于是，他赶紧和助手去查了小伙子的户口册，不出所料。根据这个线索，凶手很快被抓住了，并且证明确实不是这个小伙子。

你知道警察是怎样找到凶手的吗？

11. 关在酒窖里的秘书

约翰先生有一个习惯，他总是在星期五上午乘 9 点 53 分的快车离开他工作的城市，在 2 个小时后恰好到达他郊外的住宅。可是有一个星期五，他突然改变了这个习惯，在没有通知任何人的情况下，他坐上了那天夜里的火车。

回到家里已经将近午夜零点，他听见他的秘书凯尔正在地下室的酒窖里面喊“救命”。约翰急忙砸开门，将秘书放了出来。

“先生，您总算回来了！”凯尔说道，“一群强盗抢了你的钱。我听见他们说要赶今天午夜零点的火车回伦敦去，现在只剩下几分钟，恐怕来不及了！”

约翰一听钱被盗走，十分焦急，便请莱恩探长来调查此事。

探长找到凯尔问道：“你是说几个强盗用枪指着你，逼你打开的保险柜？”

“是的。”凯尔答道，“然后他们又逼我服下了一粒药片——应该是安眠药之类的东西。当我醒来时，正赶上先生下班回来。”

莱恩探长检查了酒窖，发现这并不是一个很大的酒窖，四周灰暗，没有窗子，可以在外面锁上门，里面只有一盏 25 瓦的灯泡，发出不太明亮的光，但照明用足够了。

探长在酒窖里寻找线索时，无意中找到了一块老式机械表，他问凯尔：“发生抢劫时你戴着这块表吗？”

“呃，是……是的。”秘书回答。

“那么请你好好想想，你把钱藏在哪儿了？你和那些强盗是一伙的！”凯尔一听，顿时瘫倒在地。

请问，莱恩探长是根据什么作出这样的判断？

12. 一坛银子

有一个商人积攒了很多钱。一天，他要外出去做生意，由于家中没有其他人，他对自己的一坛银子很不放心，于是他把一坛银子说成是红枣，封好了托邻居保管，说是很快就回来。

3 年过去了，商人竟然没有回来。一天，邻居打开坛子，只见里面装满白花花的银子，于是全部拿出来占为己有。

不久，商人回来了，邻居在坛子里装满红枣，照原样封口以后，还给商人。商人打开一看，银子变成了红枣，大惊失色就问："坛子里的银子呢？"

邻居回答说："你交给我的不是一坛红枣吗，哪里来的银子呢？"

两人说不清，理不明，争吵起来，就一同去见了县官。

县官问邻居，邻居说："他把坛子交给我时说是红枣，根本就不是银子。"

县官仔细看了看一坛红枣，把桌子一拍，要求邻居如实交出银子，否则将会用大刑。

这时，邻居大呼冤枉，否认拿到银子。于是县官讲出了道理，使邻居无话可说，只好低头认罪。

试问：县官是如何判定的呢？

13. 右手握枪

“当我把来访的两位客人带进会客厅时，他已经死了。”死者的妻子说。

原来死者是一个知名的画家，死因是被手枪子弹击中头部。当时，他的右手握着一枝手枪，从外表看，他似乎死于自杀。

埃里克探长展开调查，询问所有有关的人物。来访的两个客人中，一个叫德瑞，他是死者妻子的旧恋人，他在两年前去了巴黎，三天前才返回此城。另外一个叫汉斯，他也是一个画家，和死者并不认识。他来到死者家中，是因为他说死者盗用了他的作品，因此前来追究。

很明显，两个人都和死者有仇。不过，死者也不是没有自杀的动机。死者的妻子曾对警方表示，一个月前，死者生病后，右手麻木，不能再拿画笔，让他觉得很沮丧。

最后，埃里克探长在两人之中确定，其中的一个人一定是凶手。

请问，你能判断出谁是凶手呢？

14. 绝密情报

高级特工珊多拉接到重要任务：从当地的情报人员手里得到一片写有绝密情报的芯片，并把它带回国内。

这次的情报十分重要，许多国家的情报人员都想得到它，形势十分急迫。珊多拉看了看手表，现在已经是下午 3 点 20 分，比预定好的接头时间晚了 20 分钟。

“难道出事了吗？”正当珊多拉有点担心的时候，一辆黑色轿车忽然疾驰而来，迅速停在她的身旁。车窗玻璃后面，一个男人急切地招呼她：“快点上来，他们在后面……”他的肩头已经中弹，弄得满车都是鲜血。

珊多拉迅速钻进车里，把开车的情报人员挪到一边，发动起轿车开始狂奔。珊多拉左躲右闪，最后终于拐上高速公路，甩掉了“尾巴”。

“给你！你快走！”中弹的情报人员失血太多，已经没力气说话了，他把一个信封塞给珊多拉。珊多拉下了汽车，迅速换乘地铁回到宾馆。

珊多拉把染着鲜血的信封拿出来，这是一个普通的邮政信封，信封里除了一份参加某个展览会的邀请函和邀请商的名片外，没有任何东西了。珊多拉把名片和邀请函对着灯光仔细观看，并未发现任何异常，难道是弄错了？

珊多拉的眼光落在了信封上。她小心地剪下邮票，果然发现它比普通的邮票厚一些，原来芯片就粘在邮票后面！正当她收拾东西准备离开的时候，走廊上忽然响起吵闹声，好像是有人要强行进来的样子。

珊多拉感觉事情很糟糕！应该把芯片藏到哪里去呢？仅有几十秒的时间，房门就被推开了。一个男人带着警卫走进来说道：“对不起，一位贵宾说他丢失了珍贵的首饰，我们奉命搜查。”

接着，那个男人一挥手，5个警卫一拥而上，把珊多拉房间的每一个角落和所有行李都搜查了一遍，甚至还要求女警卫对珊多拉搜身，结果没有任何发现，这张邮票似乎从未出现在房间一样。整个房间里只有电视机和电扇的响声一起一落。

男人和警卫们无奈地离开了，珊多拉脸上露出一丝不易察觉的微笑。

聪明的读者，你知道珊多拉把邮票到底藏在了什么地方？

15. 最后一个指纹

巴奈特正满意地在新居里走来走去，忽然传来两声悦耳的门铃声，巴奈特打开房门，却看到了不想见到的安德烈。

安德烈大声说：“老朋友，看来你生活的很好啊！是用欠我的钱买下的漂亮新宅吧！三个月前你就应该还我的钱。”

“安德烈，你听我说。”巴奈特顿时惊慌失措：“你先听我说，你是知道的，谁也无法预测股票在何时下跌……”

安德烈愤怒地说：“巴奈特，我不跟你废话，你必须在两天之内把所有的钱还给我！”

“我真的没钱……”巴奈特可怜巴巴地说。

安德烈怒火中烧，站起来大声咒骂，“你是一个骗子！”接着，安德烈朝巴奈特猛扑过去，死死卡住巴奈特的脖子。

巴奈特艰难地挣扎，两手在地上乱抓，他的呼吸越来越急促，反抗越来越无力，这时，他的左手不知碰到一个什么东西，来不及思考，巴奈特拿起来重重敲在安德烈头上。安德烈的手瞬间松开了，他摇晃两下，倒在了地板上。

杀死安德烈后，巴奈特马上把安德烈的尸体拖到后院掩埋起来，然后将所有的血迹擦拭干净，再认真清理了地板、沙发和安德烈所有可能碰过的东西，不留下一个指纹。正当他做完这一切的时候，门外响起了几声急促的敲门声。

巴奈特打开大门，看到两名警察站在门外，一名警察说：“巴

奈特先生，我是安德烈的朋友，他上午说来你这里，如果中午还未回去就来这里找，他在里面吗？”

巴奈特强作镇定地回答：“安德烈？他根本没有来过。”

另一名警察笑了笑说：“就算你能擦掉他所有的指纹鞋印，还有一个指纹你是无论如何也赖不掉的。告诉我们，你把他怎么样了？”

巴奈特顺着警察的眼光看过去，立即出了一身冷汗，这确实是一个没有想到的地方。

聪明的读者，你知道安德烈最后留下的指纹在哪里吗？

16. 珠宝抢劫案

这天，警局接到报案，星科商厦遭到抢劫！

星科商厦是一家著名的百货公司，位于纽约城的西侧，距离警察局不到 1 公里。警长华德在 5 分钟后就赶到了现场。只见现场到处都是散乱的物品和被砸碎的玻璃，商厦值班经理安琪罗满脸悲伤地坐在楼梯上，注视着乱成一团糟的商厦。对于商店来说，没有比珠宝柜台遭到打劫更严重的损失了。

华德走到安琪罗面前，拿出纸笔，打开录音机，准备开始记录案情。他告诉安琪罗，要想在短时间内破案，追回损失，就要全力配合警方工作。

安琪罗似乎还没有从混乱的状态中清醒过来，他喃喃地说道：“4 个人……他们有 4 个人，枪……都带着枪。他们二话不说就砸开珠宝柜台，抢走了所有的钻石首饰，这都是些价值几百万美元的首饰啊！”

“4 个人？”华德一边记录一边

询问，“你有没有看清他们长什么模样？”

安琪罗痛苦地挠着脑袋，回答道：“有一个大胡子，他的眼睛旁边有两颗痣，其他人就看不清楚了……”

“光线那么暗，你怎么能看清眼睛旁边的痣呢？”华德有点奇怪。

“是这样的……”安琪罗结结巴巴地说，“他们闯进来的时候，我吓得躲到一排货柜里。大胡子拿着强光电筒照过来的时候，我正好从货柜缝隙看出去，刚好看到他的脸。”

华德听到这里，忍不住打断了他的话：“安琪罗先生，假如这是一起真的劫案，那我要马上逮捕你，因为你和他们是同伙。”

聪明的读者，你知道安琪罗哪里露出了破绽，让精明的华德警长识破了吗？

17. 凋谢的花瓣

警察们小心翼翼地弄开门，发现海勒租用的房间只有一扇窗和一扇门，而且都在里面锁上了。进入房间，只见斯特倒在床上，早已经中弹死了。

警官打电话给肯恩探长，向他报告了情况：“今天早上，地铁站那儿卖花的小贩打电话报警，说每个星期五晚上斯特都要到他那里拿 11 朵粉红色的玫瑰，已经 10 个年头了，从未间断，可她这个星期却没有去。

“那小贩有点担心出事，就给我们打了电话。初步看来，斯特像是先锁上了门和窗，然后坐在床上自己开枪自杀。她向自己的右侧倒了下去，手枪掉到了地毯上，开门的钥匙在她的背心口袋里。”

“她买的那些玫瑰怎么样了？”探长问道。

“它们都被装在一个花瓶里，花瓶放在狭窄的窗台上，花都已经枯萎凋谢了。另外，据我们分析，斯特死了至少已有 10 天了。”

“整个地板上铺了地毯吗？”

“是的，一直铺到了离墙脚 1 英寸左右的地方。”警官回答。

“在窗台、地板或地毯上是否发现了血迹？”

“除了床上有血迹外，没有其他东西。”

“这样看来，你最好派人来检查一下地毯上的血迹。”探长说道，“有人配了一把斯特房间的钥匙，他开门进去，打死了站在窗边的斯特。然后，凶手打扫清洗了所有的血迹，再把尸体挪到床上，使人看上去像自杀。”

请问，探长是根据哪些细节了解到这些情况的？探长为什么如此推断？

18. 圣诞老人的乔装

一般的乔装易容都是打扮成不太起眼的人物，但在一次重大杀人案的调查中，一名警员却故意穿着一身引人注目的圣诞老人服装。尽管如此，这名警员还是在对方眼皮底下获得重要证据。

聪明的读者，你知道警方为什么要穿这样显眼的服饰吗？

19. 缺一种声音

星期六的早晨，一位评论家死在他的书房里，他胸部中了两枪，倒地而亡。由于是一个人独居，早上佣人打扫卫生时发现了这具尸体。

斯曼探长在现场了解到，附近的人没有听到枪声。他问鉴定人员：“知道死亡的时间吗？”

鉴定人员回答：“昨晚10点20分左右。”

正在鉴定人员答话时，挂在书房墙上的鸽子报时钟“咕咕咕”地响了，挂钟里的鸽子从小窗中探出头报了10点。

“没解剖尸体怎么知道得这么准确？”

“我们赶到这儿时，发现收音机正开着，录音键也按着。将磁带转到头一放，录的是那天巨人队和步行者队决赛的比赛实况。”

鉴定人员按下了桌上录音机的放音键，里面传出了比赛实况的转播声。斯曼探长一边看着手表一边听着，然后他斩钉截铁地说：“不，受害者应该是在别处被杀的。”

“这怎么可能呢？”鉴定人员疑惑不解。

“凶手是在别处一边录比赛转播的实况，一边枪杀受害人的，而且不光是将尸体，还将这台录音机也一块儿搬到这个书房里，伪装成是在这儿被杀的情景。”

“可是，探长，这盘磁带我听了足有两遍了，并没有发现磁带里面有什么证据啊？”

“那就不妨再听一遍，录音中缺少一种声音，由此看来，书房并不是杀人现场。”探长又打开录音机，放比赛实况录音给他听。

那么，你知道探长指的是哪种声音呢？

20．一次蹩脚的“英雄救美”

这天，杰夫到公园散步。他正走着，忽然看见前面有两个年轻人正在扭打，其中的一个人被对手在左胸打了一拳。

杰夫走过去，把两个人拉开。这时，旁边走过来一位姑娘关切地问那个挨了一拳的年轻人伤着没有。那个被打了一拳的小伙子连说没事，并从衣服的左胸口袋里掏出一副眼镜戴上。

经过询问后，才搞清楚原来戴眼镜的年轻人在追求那个姑娘，这天好不容易才约到她出来。不想竟闯出一个人来调戏姑娘，两个人便打了起来。

杰夫见那人身强力壮，“眼镜”明显不是他的对手。

那人离去，杰夫把"眼镜"叫了过来。他背对着姑娘，低声对“眼镜”说：“这种‘英雄救美人’的把戏以后可千万不要用了，一旦被姑娘发现可就弄巧成拙啦。”

“眼镜”的脸刷地一下红了。

你知道，杰夫是怎么看出来的呢？

21. “4503”的含义

"这个夜晚真是糟透了!"理查嘟囔着放下话筒，他被一串电话铃声吵醒了。康拉德警士在电话中说发生了凶杀案，要他马上去。

理查赶到了现场，发现死者倒在床上，是被人掐死的。从现场零乱的梳妆台看，被害人曾和凶手进行过搏斗。

“见鬼，谁这么讨厌，杀死这么可爱的一位小姐，还打扰了我的好梦。”理查不耐烦地环视着四周。

目前警方在现场还没有找到突破性的线索，死者脖子上的指纹也很模糊，凶手一定对犯罪现场进行过处理。

突然，理查目光被窗台上的一只口红吸引了。他迅速走过去捡起了那只口红，只见口红的顶部被什么东西磨损过，基本都平了。这个细节立刻在理查的头脑里引起了化学反应，他立刻在口红四周看了看，但是并没有找到他想要的东西。他立刻吩咐警员四处找找有没有什么字迹留下。不一会儿，一位警员在被窗帘蒙着的墙壁上找到了一串奇怪的数字“4503”。

“这 4 个数字说明了什么呢？”康拉德紧皱着眉头低声地问。

“凶手和这个数字一定有联系。”理查想了想，转身叫来饭店经理，让他马上去查一查前一天晚上在 4503 号房间住的是什么人。

经理马上拿来旅客登记簿查看一番，然后对理查说：“对不起，警察先生，4503 房间一直没有人住。”

“哦，那你给我查一下 3054 号房的客人是谁。”理查突然想到了什么。

“3054 房间就在隔壁。”经理说。

理查马上和康拉德敲开隔壁的房门，只见里面的人正打点行装准备离开。

"我是警察。"理查大声地说，“先生，希望您老实交代杀害贝亚特小姐的犯罪过程。”

理查是怎样判断出凶手住在 3054 号房间呢？

22. 红色血迹

一天早晨，超市收银员亚萨死在公寓里。最先发现的是他的邻居。因为邻居发现他家的卫生间的顶板上居然渗出了红色的液体。于是他马上叫来公寓管理员，一起跑道亚萨的房门前，并撞开了门，客厅、卧室里都没有发现什么。最后他们在卫生间发现了亚萨，但他已经死了。他的死因是被匕首状的凶器刺中了背部，看上去像是在卧室遭到袭击后逃进卫生间的。

警察仔细勘查了整个现场，但未发现任何可以成为凶手线索的证据，搜查陷入了困境。

最后警长格吉尔只好请来了侦探安斯艾尔。

"既然如此，请带我去看看现场，看我能不能对你有些帮助。”安斯艾尔答应了格吉尔的请求。

安斯艾尔来到卫生间，他想在这里寻找一点儿线索，因为他觉得既然死者还有力气跑到卫生间，他就应该在卫生间留下一点关于凶手的线索。可是他什么也没找到，卫生间里四面都是光秃秃的墙壁，只有一卷还未用完的纸。

安斯艾尔看着那卷纸，觉得可能快找到线索了。他一把把那卷手纸拿了起来，扯了开来。

几分钟后，他表情轻松地走了出来。

"格吉尔，凶手是一个姓名缩写为 F·T 的人。"

一句话，使格吉尔大吃一惊："真的吗？您是在哪里找到暗示的呢？"

安斯艾尔微微一笑，说："这是一个秘密。"

那么，安斯艾尔是从哪儿发现凶手名字缩写字头的呢？

23. 3 袋烟辨真假

张弘文和刘子轩为了一根旱烟管争吵到县衙，刘子轩说："这烟管是我花重金购买的，是我的心爱之物。"

张弘文说："这根烟管是我们已经用了 20 年了，它是我父亲留下的。"

知县李博听完他们的陈述后，叫衙役将这烟管呈上来。烟管长约一尺，杆是木质的，烟杆的上端刻有"癸未仲夏"4 字，烟斗和烟嘴都是铜的，烟斗的磨损不大，烟斗和烟嘴上没有什么污秽，擦得特别光亮。

看完后，知县问张、刘二人："这根烟管值多少钱？为何吵闹不休？"

刘子轩说："这烟管是我花 4 两纹银买的，尽管不是特别好看，却是我的心爱之物。"

张弘文说："这烟管其本身不值 2 钱银两，是我父亲留下的，已使用了 20 多年，烟杆用有毒的黄藤做成，用这管烟袋装烟可以克毒，如果要卖，10 两银子都不给。昨天刘子轩来我家抽烟时拿走了，今日我向他讨还，他却说是用 4 两银子买的。"

李知县听完他们的申述后，独自沉思片刻，心想：今年是庚戌年，"癸未仲夏"

至今也有 20 多年了。

他想到这儿，连忙拿起这烟管对堂下张、刘两人说："这烟管制作精细，取材黄藤，确实不错。根据你们两人所述，都无证据，这样判断对谁都不公平。现在本县就按你们二人所述的价格之和 14 两纹银买下。既然你们都喜爱这根烟管，今天本县就让你们在堂上各抽 3 袋烟，抽完后，你们可以各取 7 两纹银回去。"

两人抽完烟后，李知县立即断定刘子轩是强拿别人烟管的人。请问，你知道这是什么道理吗？

答案

Chapter 1 第一章 揭开神秘的面纱

1. 火光幽灵

原来，有的人听说古屋里埋藏着大量的财宝，正在悄悄地寻找。恰在此时，这所古屋正在被出售，工人们需要进去重新整修。躲在古屋里面的寻宝人为了使寻宝不受工人们的干扰，他便假扮“幽灵”吓唬别人，用此方法使他人不敢贸然进去。

他先穿上又长又宽的大袍，用毛巾把脸包起来，然后全身涂上磷。由于磷的燃点很低，在一般温室中同样可以燃烧，发出蓝白色的火光，最重要的是，磷火的温度不高，并不会烧伤人。

采用这个方法，他穿着长袍站在椅子上，又长又宽的长袍将椅子遮住，粗看起来像个巨人，实际上是为了让自己的形象看起来更恐怖，同时又为了防止别人可能会朝他开枪，他便利用客厅里的镜子，也就是说，其实，他没有在客厅里，而是站在客厅楼梯转弯处的平台上。由于正对着镜子，他的形象便从镜子里反射出来。

所以，费朗西斯侦探抓起椅子砸碎镜子后，“幽灵”便不见了，而费朗西斯侦探也已明白，这是有人在装神弄鬼。

2. 草丛中的鞋印

实际上，一把没有弧度的长刀去掉了护手，立刻就成为了一把锋利的长箭。我们看到箭都呈流线型，再仔细想一下，这也是为什么刀柄底部有一道小小凹槽的原因，这是弓弦的固定槽。这是因为中间的任何突起部分都会影响到飞行的速度和方向。

现在，答案已经浮出水面：凶手为了制造案发现场没有人的假象，成功利用湿润的泥土转移了人们视线，然后运用古老的弓箭原理，把长刀当做长箭来使用，射杀了艾布纳。管家在附近，有很大的作案嫌疑，况且在发现艾布纳被杀后，有意的“保护现场”就是制造艾布纳自杀的假象。

3. 华尔兹背后的秘密

答案就在于这部微型的录音机，录音机里的磁带开头录着一段轻松优美的华尔兹乐曲，可就在这部乐曲中突然插了一段刺激性强、节奏紧张的现代音乐。

毒蜂在听优美柔和的乐曲时表现得老实温顺，而当突然听到这种强刺激的现代音乐时，立刻兴奋起来，野性大发。罪犯就是利用毒蜂的这一特点，趁被害人睡午觉的时候，用录音机里装的这盘磁带，让毒蜂袭击了他。

4. 死亡之谜

不要被思维定式，可以思考一下周围的环境。这位昆虫学家是接触到带电的鳝鱼死亡的。鳝鱼是一种带电的淡水鱼，属于硬骨科的鱼类。它们产于南美的亚马逊河和奥里诺科河。鳝鱼身长达 2 米，尾部两侧生有两个发电器官，可产生 680 ~ 850 伏的电压。

因此，如果人类接触到该发电器官，就会遭受到猛烈的电击，最终不幸死亡。这种鳝鱼在觅食或防御对手进攻时，会放出强大的电流。

5. 细查杀妻案

从事先将姓吴的这个人囚了起来，然后集中全城仵作（检验死伤的人），细问近来安葬坟墓的情况。

其中有一人说：“我在给一富裕人家办事时，听说他们那里杀了一个奶妈，埋在某个地方。”

从事听了这个情况后，立即派人去挖开坟墓检验，只见棺材里只有一个妇人的头！当叫控诉人来辨认时，他却说那不是他的妻子。再传讯那个富裕之人，再三审问，终于弄清了事情的原委。

原来富裕之人与姓吴的妻子私通，奶妈无意中看见，他们便杀了奶妈，并砍了她的头埋掉，又给奶妈穿上这个妇人的衣服，移尸到吴家中。然后把那妇人偷偷私养起来。案件查明，惩办了富裕之人及这个妇人，最终做丈夫的无罪释放。

6. 不翼而飞的戒指

动物学家说："有些鸟儿，它们喜欢亮晶晶的东西，如松鸡、喜鹊等，有时会把这些东西衔回窝里，我根据这点，才怀疑是喜鹊干的呀！"

7. "毒"苹果

苹果自然没有毒，主要的问题出在水果刀上。卡尔文很清楚丹尼斯是个左撇子，因此他利用了这一点。在水果刀朝皮的一面浸了毒，正常人用这把刀削水果时根本不会中毒，因为水果皮上没有擦到毒液。而丹尼斯是个左撇子，他用这把刀时，带毒的一面恰好朝向了果肉，所以丹尼斯被毒死了。

8. 古堡里的神秘黑影

午夜，只见一团团黑影从古堡顶部飞下来，向猴子猛扑过去，只听苏醒过来的猴子一声惨叫，道格拉斯迅速收紧了渔网，古堡内又安静了下来。

第二天早晨，他从古堡里胜利走出，指着渔网对围观者说："这里面的就是凶手，它是一种奇特的红蝙蝠，锋利的嘴就像钢针一样，经常夜间出来觅食，乘人畜不备，瞬间能将尖嘴插入人和动物的大脑，吮吸脑汁，立即可致人死命。由于红蝙蝠具有这种杀人绝招，因此很难在死者尸体上找到伤处。"

当局正准备论功行赏，老人拿出了自己的证件。原来这位"乞丐"是英国剑桥大学著名生物学教授汤恩·维尔特。他观察古堡研究红蝙蝠将近 20 多年，这才一举破获神秘古堡的百年疑案。

9. 最近的距离

假使老巴克把轿车完全拆开来，也是没有办法找到走私品的。我们经常会说："最危险的地方就是最安全的地方。"也就是说，最明显的东西很容易被忽略，布兰德走私的东西实际上就是宝马轿车。他这些年来每次都开一辆宝马轿车过境，而老巴克却总以为走私品藏在轿车里，可是却没想到走私品就是眼前的轿车。

10. 深浅不一的脚印

这是一个下雪的天气，积雪已经很厚，罪犯踩到雪地上的脚印是不一样的。他扛着尸体时重量增大，因此留在雪地上的脚印相对就会深，而返回时是空手而归，脚印自然浅，探案者就是依靠这点知道真凶的。

11. "北星一号"的怪案

凶手是报务员凯西。在这个杀人案件中，只要把尸体藏好，犯罪就不成立。话虽如此，可在陆地上杀人，要把尸体处理掉是很困难的。

但如果是在印度洋航行的船上，那就容易多了。周围是一望无际的大海，只要将尸体扔到海里就可以了。是因为如果将尸体扔到海里，受害人就下落不明了，也就是说失踪了。如果这种失踪不足一定期限（一般情况的失踪为 7 年，在战场上的特殊失踪为 1 年），在法律上是不能承认死亡的。那么在此期间，继承人就无法继承遗产。正因为如此，凶手为了继承遗产，故意将尸体留在甲板上。

所以，凯西为了早日得到舅父的遗产，就故意将尸体留在甲板上。凯西为了转移众人的视线，把伯尼的拮据偷偷扔掉，然后嫁祸于伯尼。

12. 迟开的牵牛花

任何事物都是两方面的，证据可以作为判断事物的基准，也可能成为洗脱罪名的依据。这个案件中，查德试图运用牵牛花的开花时间来为自己制造不在场证明，却恰恰暴露了他心虚的一面：开花的时间很容易改变，最简单的做法是，用一个纸罩套住花蕾，开花的时间就可以延迟了。

查德纵火后迅速回家摘掉纸罩，拍下开花的过程，企图想用这些照片来证明自己不在场，可他凌晨为花拍照的反常做法，反而引起了克拉伦斯的怀疑。

13. 10 分钟的距离

怪盗戴纳从别墅骑上马飞奔到 H 车站，并在 H 车站附近下马，把马放开，自己奔向 H 车站乘上 21 点 20 分的夜车，用最快速度回到伦敦自己的住处。放在那儿没人管的马自己回到了马棚。由于马棚的门由外往里是可以推开的，因此马可以自己走进马棚。

14. 守财奴之死

实际上，死者和凶手之间并无仇恨，凶手只是想抢钱而已。凶手在开枪之前，这个惜财如命的守财奴首先想到的是他的保险箱，于是情急之下一口吞下了手里的钥匙。无可奈何，凶手只好剖开他的胃，取出钥匙，接着打开保险箱，掠走全部财产。

15. 销声匿迹的 100 万元

我们仔细思考一下整个过程，参与作案的不仅仅是年轻女郎，还有那位司机。毫无疑问那辆出租车司机才是真正的歹徒，女郎只不过是他的从犯。女郎乘上出租车时，司机把黑皮箱里的 100 万元现金拿出来后，再把空皮箱交给女郎，要求她寄放到地铁车站的寄存处。因此，我们打开箱子是空空的也就不足为奇了。

16. 完好无缺的锁

只有熟悉约翰这种锁门方式的人，才会在作案时做到滴水不漏。作案者应该是公司里的一个人。他买来的锁几乎和约翰这把一模一样。作案这天趁人不备和原锁作了掉换。约翰下班上锁，自然不会察觉到。

晚上，罪犯偷偷潜入公司打开锁进屋。作案后再将原锁换回锁好。这样，第二天早上约翰开门时，仍然不会发现锁出过问题。

17. 孰是孰非

原来，王老爷在两碗寿面里面放进呕吐药，婆婆和媳妇吃完面后，不觉都感到腹中一阵难受，竟当场把吃进去的东西全部吐了出来。两旁衙役走过去一看，只见媳妇吐出来的是青菜萝卜，而婆婆吐出来的却是鱼肉面条，真相自然也就很清楚了。

18. 阿斯旺上的谋杀案

根据身上的伤痕，警长判断出正是渔民砍伤的。被水溺死的人怎么胸上有那么多横七竖八的刀痕呢，而且即使是由螺旋桨搅伤的，也只能是有规律的三道一组的。

19. 最好的证物

探长说："最好的证物就是这块手帕。"瑞文大吃一惊，因为这句话击中了他的要害。他以金钱为诱饵，与琳娜姘居已久，其实，贝齐就是他的女儿，但他始终不愿承认这个女儿。

琳娜扬言，如果再不承认的话，就准备告发他，所以瑞文将琳娜勒死在她的公寓卧室中，事后他害怕在琳娜公寓里留下一些痕迹，所以深夜又前去消除。

此时，他已经忘掉手帕是给了贝齐，他听探长一说，以为手帕不小心丢在作案现场了，于是他不得不承认杀害琳娜的事实。

20. 钢琴键上的米勒

原来，垂死的警员说的"开关……米勒"并不是指米勒的画像，而是指钢琴键的两个音符（米为 3，勒为 2)。只要按下钢琴 3、2 两个键后，秘密地道的门自然就打开了。

21. 溺水身亡

在海水中溺死是一条重要的线索，同时它也在暗示警察案发地点是在海边，而贝克拥有不可能作案的时间证据。

其实，如果仔细思索一下，就会明白溺水身亡不一定发生在海边。假如海水充足的话，在浴缸里同样也能作案，然后放掉海水，装满淡水，这个过程 10 分钟足够了。

Chapter 2 第二章 巧妙运用智慧探案

1. 智取指纹

迪夫说，那女人非常狡猾，只要出现在公共场合，她就会用无色透明的指甲油涂在手指上。这样一来，无论她用手触摸什么东西都不会留下任何指纹。

其实最重要的一点是：指甲油只要一经水，它就会被洗掉，迪夫在她房间的喷头上做了手脚，她在洗澡的时候，喷头就会坏掉，她一定会叫人修理。迪夫为她修好了，按礼貌是需要付给小费的，而这时她的手已经沾了水，指甲油被洗掉了，钞票上自然会沾上她的指纹，就这样迪夫得到了她的指纹。

2. 不认字的狗

祝瀚道："贵管家不必为此事生气，本府自有主张。我想，只要把贵府诉状放在它面前，如果它看后低头认罪，也就可以定案了。"

管家惊讶地大叫道："你这昏官，如何判的案？天底下，可有一条认识字的狗？"

祝瀚神情严肃地说："既然你知道狗不识字，那金牌上的'御赐'二字它如何能认得？既然狗不认得，这欺君犯上又从何说起？狗本不通情理，狗咬死白鹤乃是禽兽之争，凭什么要处治无辜百姓？"宁王府的管家顿时被问得哑口无言。

3. 妙用木桶计

店老板和老板娘一听，高兴地抬起那盖得严严实实的大木桶就往家走。走到半路，店老板回过头，见周围没人，笑呵呵地说：“咱们拿了他们 50 两银子，还获得了这一大桶衣物，这回真是发财啦！”

两人正聊得高兴时，忽然“呼啦”一声，木桶上的盖子掀开了，夫妇俩十分惊讶的看到，一个当差的竟然从里面跳了出来，对他俩说：“我已经清楚地听到你们的对话，现在跟我回衙门去听候处理吧！”

就这样，包拯只是略施小计，就取得了证据和口供，并最终责罚了这对贪心的夫妇。

4. 白鹅的证词

店主和邻居喂养鹅的食物不同，康熙是根据四只鹅的粪便来辨别的。因为邻居的鹅是在野外放养的，吃的是虫子、野菜，因而它的粪便应该是绿色的；而店家的鹅是吃白米的，它的粪便就是白色的。

5. 智辨毒品

其实，最少只要称两次就可以得出结论。先把 6 根木头分别放在简易天平的两边，把另外一根木头到一边。然后每一边有三根木头，假如两边平衡，那么显然旁边这根木头就装有毒品；假如一边比较轻，那么取轻的那边，用同样的方法再做一次，就可以得到正确的答案。

6. 祝枝山捉贼

祝枝山在钵上抹了一层厚厚的黑油，凡是摸过钵的人，两手都是油黑的。偷夜明珠的人由于心虚，不敢摸钵，因此两手是白的。

7. 冯弧变“马瓜”恶霸伏法

张方灵机一动，想出了一个主意，在案卷上这样写道：“杀人犯马瓜，无故将人杀死，欲予斩首示众，特报请审批。”第三次送到京城。

吏部侍郎看见案卷，没细看其中的内容，就挥笔批了“同意处斩”4 个字。批文回来后，张方在“马”字前添了两点。“瓜”字旁加了“弓”字，变成“杀人犯冯弧”，这个不可一世的大恶霸最终被惩治了。

8. “神米”破案

所谓犯罪者心有鬼，杀人者心情紧张。口中含有一口米，黏黏的唾液拌着干米，势必造成口腔干燥，因此很难吐出来。乾隆正是利用了这种犯罪心理巧妙地查出了凶手。

9. 银两依然在

郑板桥在店主手心写上字后，他再命差役把店主妇悄悄传来。他轻声对店主妇说：“我看你还是招了吧，你丈夫早已招认了偷换赵旺银两的事情。”店主妇也是个老于世故者，她矢口否认有这回事。

郑板桥说：“那你听我来问他。”他提高嗓门问跪在烈日下的店主：“喂！‘银’字是否还在？”店主爽朗地回答：“还在！”

郑板桥对着店主妇勃然大怒道：“你丈夫已经供认，难道你还要拒不交代、执迷不悟吗？”这时，店主妇才无可奈何地招认了夫妻俩偷换银两的事情。

郑板桥再把店主唤到堂上，店主看到自己的妻子这副腔调，明白事已败露，只得供认不讳。

10. 抉择

县太爷对女子喝道：“事情到了今天这个地步，哭也不能解决问题！归根结底就错在你一个人的身上，只因你不安分，朝三暮四，才把事情弄到这等地步，现在只有看天意了。”

说着，他抓起笔，在两片纸上分别写上“前夫”、“后夫”，然后命令手下人拿一条布巾将该女子的眼睛蒙起来，要求她跪在地上，让第一个丈夫跪在女子的后边，让第二个丈夫跪在女子的前边。然后告诉两名男子，让女子在盒里去摸放进去的那两张纸片，摸到哪个，就跟哪个回去过日子，不得再有争议，两个男人都答应了。

那女子迟迟不肯伸手，一直在那哭哭啼啼的，县太爷把桌子一拍，不禁大怒。女子没办法，只好胆战心惊地摸了一张。跪在女子前头的那个第二任丈夫，见女子摸出的纸牌上明确写着“后夫”二字，心里高兴地认为女子可以归他了。

却听见县太爷大声说道：“好吧，既然你亲手拣出的是‘后夫’，看来命该去跟跪在你后面的男子过日子，天意昭昭，我也不能违抗。你们走吧！”于是，这名女子和前夫在一起过着幸福的生活。

11. 沉重的木箱

这时，烟贩想出一计，烟贩子看看那些人抬的箱子，对店主人说：“两个箱子里一定有鬼，快打开看看。”那伙强盗一听要打开箱子，立刻围了起来，不允许任何人靠近。

店主人一声大喝，几十个伙计闻风而动，迅速围了上去，把强盗打翻，烟贩子冲上前打开箱盖一看，果然里面装着两具尸体。

原来，这伙强盗进来时就 7 个人，先将两个人装进木箱，抬进客栈，等杀了两个木匠，便让来时躲在箱子里的两个人穿上木匠的衣服，再将尸体装进箱里，造成 7 个人进店，7 个人出店的假象。

12. 两匹细布

范知县让钱子贵稍候，言称寻匠人，看样定制。来到了后衙，他密遣一个差役，带上银牙签，打扮成伙计模样，去钱子贵店中取布。

差役见了钱子贵的妻子，取出银牙签对她说：“钱老板将前两天进的那两匹布转卖他人了，因故不能亲自来，派我代为取去，恐你生疑，以持银牙签为凭。”

钱子贵的妻子细视银牙签后，确认的确是丈夫的随身之物，深信不疑，便将李君的布匹交给了差役。此刻，证据确凿，钱子贵只好认罪。

13. 老驴识家

包拯叫马汉把驴牵到没人的地方，任其走路吃草。就这样，毛驴走一会路，吃一会儿，到了张家村张达家门口时，头都没有抬，就进院里去了。

包拯听了马汉的禀告，对牛顺来喝道：“牛顺来，你这无耻小偷，在光天化日之下竟敢偷人家的毛驴，还倒打一耙，故意蒙骗本官，你可知罪？”

牛顺来吓得赶紧求饶：“大人息怒，小人知罪了，下次再也不敢了。”包拯令衙役责罚了牛顺来，并把驴判还给了张达。

14. 借刀杀人

当夜，天色渐渐暗下来，突然，胡六家里闪进一个黑影，那黑影正是胡信。他耳闻陈文已经开斩，他与孙氏嫁祸于人的阴谋已经得逞，自认为两人可做长久夫妻了，就迫不及待地来见孙氏。不料他前脚刚踏进门槛，后脚几名公差便破门而入，逮住了胡信。

原来，被处斩的并非陈文，而是一名死囚。卫公这样做是为了引出胡信。大堂上，胡信和孙氏供认了他们通奸谋命、嫁祸于人的阴谋。

15. 凶杀案中案

接着，李知县朝郭成喝斥道：“大胆刁民，还不从实招来，竟敢欺骗本官，欺诈乡里。你一向家贫如洗，哪里有钱请乡邻吃酒？而且还要移葬你叔父！你事先已经知道棺材里是无头尸，才坚持要开棺，以便敲诈钱财。若不从实招来，大刑伺候！”

郭成吓得魂飞魄散，连声说：“小的交代，小的交代！”

原来，那一天郭成来看望叔叔郭全，这时，外面下起了瓢泼大雨。一个外地男人进来避雨。郭成看见来人囊中颇有钱财，顿时心生歹念，就和郭全一起杀了他，并把他的头割下来埋在院里，扒下他的衣服，换上郭全的衣服，然后和郭全连夜逃走。

过了几天，郭成故意装着来看望叔父，实际上是来探动静。当他得知乡邻们已将尸体当做郭全安葬后，便回去与郭全商量，以移葬为名，坚持要开棺看人，这样施行再次讹诈钱财。

16. 真假田契

一般情况下，纸张搁置天长日久表面会变黄，但夹在中间的应该还是白的。而做过手脚的纸撕开后里外都是黄的，这很明显就是伪造的。王赫手持的田契是用茶水浸泡后自写的。

17. 撒谎的偷吻者

是邻国的王子偷吻了公主，因为公主并没有具体说明发生了什么事，唯有王子准确地说出了她被偷吻的事。因此，这说明他就是那个偷吻者。

18. 咖啡杯里的破绽

破案的重点，就是找到自相矛盾的地方。丈夫说夫人患病，每隔 1 个小时必须吃一次药，为了让这里的人相信，两人还在店员面前表演了一次吃药过程。

可是，两人在店里已经待了整整一个上午，如果每隔 1 小时吃一次药的话，至少也应该吃了三四次药，可咖啡杯仍然是满满的，这说明杯子底部一定有东西。

19. 落款时间的差异

谎言总是在时间面前显得不堪一击。大卫的疏忽在于，他只知道后一份遗嘱更具有法律效应，却忘记了 11 月只有 30 日，根本就没有 31 日。

20. 无言的母爱

孔知县让人将弟媳妇首先救起来，此时，花厅里添灯加亮，如同白昼。

孔铁林再次升堂，胸有成竹，威严地说："此案已查明，本县心中自有数。"命姐姐如实招供，若再谎言狡辩，一定严惩不贷。姐姐只得如实招供了偷梁换柱、移花接木的"夺子之计"。

其实，孩子还在夫人的床上睡得正香呢！而那扔进荷花塘里的小孩，则是用红绸裹着的一条 5 斤重的大鲤鱼。

21. 藏在叶子下的古币

凯希从他叔叔尸体上找金币的事实证明他涉嫌谋杀。假如他是无辜的，探长所说的“金币就藏在叶子下面”，凯希就会将“叶子”理解为手中的茶叶罐，而不会想到三叶形徽章，立刻去翻他叔叔的尸体。

22. 留下一人

天黑以后，蒋常才把这妇人放出，命令手下秘密追踪，看谁与这老妇人说话。这样反复 2 天，发现都有同一个人找妇人。

于是蒋常又把有关的人都召集起来，从中找出与妇人说话的人严加审讯，那人正是杀人凶手。

原来此人因与王贵的妻子通奸，乘机用张卫的刀杀死王贵。因他作案心虚，见每天都留下老妇一人，就急忙打听虚实，这下正中了蒋常的圈套。

Chapter 3 第三章 神秘的数学王国

1. 逃跑的特务

乐队总人数需要除以2、3、4，得出的结果，应该都有一个余数。符合这一条件的最小数字，一定比2、3、4的最小公倍数大1。2、3、4的最小公倍数为12，任何一个比12的整数倍大1的数，被2、3和4除以后，余数都是1。

而当乐队一排5人时没有余数，可见，总人数还必须恰好能被5整除。我们可从下列数列寻找能被5整除的数：13、25、37、49、61、73、85……由于知道乐队人数在30人左右，所以可以确切的知道人数应该是25人。

2. 神探破案

把称得重量的10个数字相加，结果得到1156千克，即是各个口袋重量之和的4倍。把1156千克除以4，得知5个口袋共重289千克。

把5个口袋按重量大小依次用字母代表：最轻的一个口袋为A号，次轻的一只口袋为B号……最重的一个口袋为E号。不难理解，在110、112、113、114、115、116、117、118、120、121这10个数字中，第一个数字(110)是两个最轻的口袋A、B的重量之和，第二个数字(112)是A、C两个口袋的重量之和，最后一个数字(121)则是最重的两个口袋D、E的重量之和，倒数第二个数字(120)是C、E两个口袋的重量之和，即：

A+B＝110(千克)……(1)

A+C＝112(千克)……(2)

C+E = 120(千克)……(3)

D+E = 121(千克)……(4)

由此，很快算出 A、B、D、E 这 4 个口袋的总重量为 110+12 = 231 (千克)。从五个口袋的总重量与这个重量之差，即可求得 C 的重量为 289-231 = 58 (千克)。把 C 的值代入 (2) 、(3) 两式，分别求得 A = 54 (千克)，E = 62 (千克)，随后可依次求得 B = 56 (千克)，D = 59 (千克)。

因为面粉团子的重量误差是在 4 千克以内，由此看来，62 千克的面粉团子说明走私犯至少在一袋面粉团子中掺入了 3 千克钻石。

3. 以假充真

最终答案应该是 32 架。我们可以这样计算：4 人工作 4×4 小时生产 4 架模型飞机，所以，1 人工作 4×4 小时生产 1 架模型飞机，这样每人工作 1 小时就生产 1 / 16 架模型飞机。

因此，8 人每天工作 8 小时，工作了 8 天时间，生产的模型飞机数目就是 8×8×8×1 / 16 = 32 架。

4. 死神列车

柯里福失误的原因主要是没有考虑到火车本身的长度，30 秒是火车头进入隧道到驶出隧道的时间，但是整个车身仍然在隧道中，火车实际完全驶出隧道的时间应该为 45 秒。因此，炸药爆炸的时候仅仅是炸断了铁轨，对火车本身并没有造成太大影响。

5. 国际刑警的难题

从第一个助手去的那一个晚上开始计算。如果 7 个恐怖分子头目能同时碰面，他们之间间隔的天数一定能够被 2、3、4、5、6、7 整除，我们可以很容易算出这个结果为 420。

通过以上计算，我们可以清楚地知道 7 个人同时出现的那一天，应该是第 421 天。现在他们已经在 F 国住了一年，所以离这一天的到来已经很近了。

6. 珠宝商的损失

实际损失应该是 10000 元。我们这样来算：多米找了 2000 元给顾客以后，自己那里还有 8000 元真币，他添 2000 元就可以和安迪结清，加上戒指价值 8000 元，他在这笔交易中损失了 10000 元。

7. 如何分配遗产

从后面开始，最小儿子得到的金条数目，应等于儿子的人数。金条余数的 1 / 7 对他来说是没有份的，因为他既然不需要切割，在他之前已经没有剩余的金条了。

接着，第二小的儿子得到的金条，要比儿子人数少 1，并加上金条余数的 1 / 7。这就是说，最小儿子得到的是这个余数的 6 / 7。从而可知，最小儿子所得金条数应能被 6 除尽。

假设最小儿子得到了 6 根金条，那就是说，他是第六个儿子，那人一共有 6 个儿子。第五个儿子应得 5 根金条加 7 根金条的 1 / 7，即应得 6 根金条。

现在，第五、第六两个儿子共得 6+6 = 12 根金条，那么第四个儿子分得 4 根金条后，金条的余数是 12 / (6 / 7) = 14，第四个儿子得 4+14 / 7 = 6 根金条。

同样方法知道第三个儿子的金条数。他分得金条后金条的余数：6+6+6 即 18 根，是这个余数的 6 / 7，因此，全余数应是 18 / (6 / 7) = 21。第三个儿子应该得到 3+ (21 / 7) = 6 根金条。

用同样方法可知，长子、次子各得 6 根金条。我们的假设得到了证实，答案是共有六个儿子，每人分得 6 根金条，金条共有 36 根。

有没有别的答案呢？假设儿子数不是 6，而是 6 的倍数 12。但是，这个假设行不通。6 的下一个倍数 18 也行不通。再往下就不必费脑筋了。

8. 池塘里的鲤鱼

这个问题需要你仔细思考，池塘里应该有 12 条鲤鱼，除去被吃掉的 1 条，还剩下 11 条。观察价格，你就会发现鳜鱼、刀鱼和青鱼的价格都是 13 的倍数，换种方式说，无论这三种鱼买多少条，其价格总和也将是 13 的倍数。

用鲤鱼的价格 170 除以 13 的余数是 1，也就说明，每买一条鲤鱼剩 1 里拉。用 3600 除以 13，余数是 12，说明鲤鱼一共有 12 条。至于其他鱼有多少，就不在考虑范围之内了。

9. 睿智的验关员

首先把每个箱子编上号码，依次按顺序从第一个箱子中取出一个轴承，从第二个箱子中取出两个，从第三个箱子中取出三个……由此可知，从第十个箱子中取出十个。

把这些轴承称一称，它们的标准重量是 5500 克。如果是第一个箱子的轴承超重，结果就应该是 5510 克，如果是第二个箱子，结果就应该是 5520 克……

10. 解开密码之谜

托尼注意到，和的十位上的数字与第一个加数的十位上的数字相同，这就要求个位上的数字相加一定要向十位进 1，1 与第二个加数 396 十位上的 9 相加得整数 10 向百位进 1，所以和的百位上的数字一定是 8，而它的十位上的数字从 0 到 9 都符合条件，因此，藏有赃物的另外 9 个箱子是：408，418，428，438，448，458，468，478，488 和 498。

11. 自首者的谎言

显然，肯尼是在说谎。假设 100 这个数可以分成 25 个单数的话，也就说单数和单数的和等于双数，即为 100，实际上这是不可能的。

25 里面共有 12 对单数，另外还有一个单数。每一对单数的和是双数——12 对单数相加，它的和也是双数，再加上一个单数绝对不是双数，由此看来，100 块壁画分给 25 个人，每个人都不分到双数是不可能的。

12. 巧用圆周率

尼克在临死前抓住一根铁丝捏成圆，大家知道，圆周率约为 3.14，其实他是在暗示警察杀害他的人和圆圈有关。我们可以知道凶手在 314 房间。这就是数学家特殊的思维方式，而聪明的警察经过思考，破译了他的“密码”，顺利破获了这起凶手案。

13. 破解密码之谜

H＝7，C＝4，K＝6，N＝2，V＝0，7240+6760＝14000。

细心分析，可以发现只能是 V+V＝V，而不可能是 V+V＝2V，故 V＝0；

同样，只能是 C+K＝10，N+H+1＝10，H+K+1＝10+C；

所以有三个式子：

(1)C+K＝10

(2)N+H＝9

(3)H+K＝9+C

可以推出 2C＝H+1，所以 H 是单数。

另外 H+K>9，H>K，所以推算出 H＝9 是错误的，H＝7 是正确的。

14. 关键时刻渡河

第一次：两个孩子先把船划到对岸，其中的一个孩子留在对岸，另一个孩子把船划回侦察兵所在地方。

第二次：把船划过来的孩子留在岸上，第一位侦察兵划小船到对岸登陆，再由对岸的孩子把船划回来。

第三次：两个孩子一起划船过去，其中的一个把船划回来。

第四次：第二位侦察兵划船过河，再由对岸的小孩把船划回来。

第五次：同第三次一样。

第六次：第三位侦察兵过河，小孩把船划回来。

这样，两个孩子又可以继续在河上划船玩了，三位侦察兵也都渡到河的对岸。

15. 作案时间

这是一个复杂而又简单的问题。具体的作案时间应该是 12 点零 5 分。实际上，它的计算方法很简单，例如，从最快的手表（12 点 10 分）中减去最快的时间（5 分钟）就行了。或者将最慢的手表（11 点 45 分）加上最慢的时间（20 分钟）也可以得出相同的答案。

在分析问题的时候，首先是找到解决思路，然后把看似复杂的问题分解成简单的部分处理。

16. 三只桶的毒品交易

金姆的话是真的，利奥律师看来数学没有学好。

我们可以这样做：首先从大桶中倒出 5 千克毒品，再将 5 千克毒品倒入 9 千克的桶，再从大桶里倒出 5 千克毒品，接着用 5 千克的桶将 9 千克的桶灌满。现在，大桶里有 2 千克毒品，9 千克的桶已装满，5 千克的桶里有 1 千克毒品。

再将 9 千克桶里的毒品全部倒回大桶里，大桶里有了 11 千克毒品。把 5 千克桶里的 1 千克毒品倒进 9 千克桶里，再从大桶里倒出 5 千克毒品，现在大桶里有 6 千克毒品，而另外 6 千克毒品也被换成了 1 千克和 5 千克两份。

17. 二元一次方程解开遗嘱

假设密克家的钱数为 x，青年的父亲的钱数为 y，则果园的价值等于 y / 3，也等于 x / 4。此外，已知 (3 / 4)x+y 等于 500 万英镑，而 (2 / 3)y+x 也等于 500 万英镑。从这些方程中可以解出青年的父亲有 250 万英镑，而密克家的钱是 333．33 万英镑，果园的价值是 83．33 万英镑。

18. 沙漠里有几袋沙

小孩是这样说的：只需要看装沙子的袋子到底有多大。如果袋子和沙漠同样大，那么就只有一袋沙；如果袋子只有沙漠的 1/2 大，那就是两袋沙。以此类推，很容易知道沙漠里到底有多少沙。

19. 半个孩子

单数的一半再加上半个，正好是一个整数。

我们知道，马文在最后一次送走孩子的时候，自己身边仍然还留下一个孩子，由此可以推断他当时应该还掌握着 3 个孩子。再推回去，一共有 7 个孩子遭到绑架，其中 4 个被关在镇东，2 个被关在镇西。

20. 加法的奥秘

外乡人只是巧妙运用了数学原理，并没有作弊。

这里有“15 点”游戏的道理，首先列出其和均等于 15 的所有三个数字的组合(不能有零，不能使用两个相同数字)。这样的组合只有八组：1+5+9 = 15，1+6+8 = 15，2+4+9 = 15，2+5+8 = 15，2+6+7 = 15，3+4+8 = 15，3+5+7 = 15，4+5+6 = 15。

应当注意的是，这里有八组元素，八组都在八条直线上：三行、三列、两条主对角线。每条直线等同于八组三个数字(它们加起来等于 15)中的一组。因此，在比赛游戏中每组获胜的三个数字，都由某一行、某一列或某条对角线在方阵上代表着(见图)。

很明显，根据这个简明的图示，只要每次在可能构成 15 的地方堵住对方，那么对方就完全没有获胜的可能；如果双方都按照正确的方法下，最终结果就是平局。赌徒们显然没有想到加法里还有如此大的奥妙，于是纷纷落入了陷阱。

2	9	4
7	5	3
6	1	8

21. 消失的公里数

一般汽车的里数表，都是根据前轮或者后轮（看汽车由哪个轮驱动）的转动次数来计算里数的。向前转则里数表显示前进的里数，向后驶时里数表会倒过来走。

摩斯当然不可能将汽车倒行 3 公里，但他利用汽车泵把汽车的后轮抬起（假设车子是由后轮驱动的），把车轮向反方向逆转，于是改变了里程表的读数。

Chapter 4 第四章 科学知识解开谜团

1. 恶意的谎言

油比水要轻，因此在锅着火的时候迅速的倒上一桶油，正在着火的油会因为缺氧而死；如果是油着火的时候用水去浇，这样反而达不到灭火的效果。可见，朱莉亚说倒上油导致整个厨房都着火显然是在说谎，事实上，她就是纵火犯。

2. 相似的 A 型血

丹尼斯的会计事务所经营状况一旦好转，受益者还有合伙人唐纳修。若将绑架的罪名转嫁给丹尼斯再伪装其自杀，那么事务所就自然会落到唐纳修一个人的手里。

丹尼斯的唾液里不分泌血液型物质。邮票上验出的 A 型血唾液不是丹尼斯的，而是唐纳修的。他虽然知道丹尼斯和他一样都是 A 型血，却不知其中有异，于是他搞到丹尼斯碰过的邮票，再由自己舔后贴到恐吓信上。

丹尼斯有用舌头舔印花的习惯，唐纳修事先在印花上抹上毒药，这样丹尼斯就会在不知不觉中中毒，然后唐纳修再将丹尼斯伪装成畏罪自杀的样子，以转移警方的视线。

3. 窗户上的冰

这个案子根据常识就可以判断出。尽管冬天的天气非常冷，但窗户上是仍然不会结冰。最多有一层霜而已。这说明柯蒂斯在说谎。他这样做无非是在麻痹塞尔特。

4. 雨夜里的鞋印

晴天的时候，太阳直接照射到土壤上，它不仅可以使泥土变干，也会让留在泥土上的鞋印收缩，例如，一双40码的鞋印，收缩大小应该是半码。

因此，如果鞋印模型和奥格的鞋子完全吻合的话，只能证明奥格是清白的，真正的凶手应该穿比奥格大半码的鞋子。

5. 投案自首

艾伦便让威廉写份声明，登在报上。

威廉按艾伦的吩咐，以一个化学家的身份，用充满人道主义的口吻，写下这样一段话。说明自己是一名化学家，失窃的那天晚上，放在桌子上的并不是一瓶酒，而是一瓶有毒的液体，如果有人不小心喝下它，不出3天，一定会中毒身亡。他要求爱好那幅画的朋友，尽快到威廉家服解毒药，否则生命危险。窃贼看了声明后信以为真，第二天，他便带着那幅名画自首去了。

6. 隐秘的纵火者

玻璃凹槽在盛满了水的时候，就变成了一面凸透镜。太阳光通过这一排凸透镜聚焦到干草上，一定就会着火！看来，德维特不需要找什么幽灵凶手，而应该让为他设计玻璃房的设计师好好反省一下。

7. 隐藏的字体

用醋酸把秘密内容写在鸡蛋壳上，然后将鸡蛋煮熟，我们会发现鸡蛋的外壳上什么都没有，字迹全部都留在了鸡蛋的蛋白上。这是醋酸和构成鸡蛋壳的主要物质——钙作用的结果。

8. 血疑

约翰是O型血，而他的夫人是AB型血，这样，阿斯尔的的血型就只可能是A或者B型血，因此他不是凶手，凶手应该是同样有着AB型血的亚恒。

在整个案件侦破过程中，血型是一个非常重要的线索，根据科学规律，血型是可以推导的，这对案件侦破具有非同寻常的意义。根据血型学的研究，父母的血型与子女的血型，只能存在以下这样的关系：

父母血型

子女血型

① OXO

O

② AXA

A 或 O

③ BXB

B 或 O

④ AXB

A、B、AB、O

⑤ AXAB

BXAB

A、B、AB

⑥ ABXAB

OXAB

A 或 B

9. 电话谋杀案

作案者可以先在老人的电话机上安放一个可以使电话线短路的装置。然后，他让老人吃下安眠药，入睡以后，他就打开煤气灶的开关，让煤气跑出来，他就乘车到那饭店去。

当他估计老人房间里已充满煤气时，就在饭店里打电话到老人家。这时电话机中有电流通过，却遇到电话线短路，于是溅出火花，引起煤气爆炸。电话线和电灯线是两路的，电灯停了电，电话还是通电的。

10. 火神的秘密

其实，经过科学家的检验，这里有一种称为“看林人”的树木，它属于杜鹃科，它的花朵和茎叶内饱含着一种挥发性强、极易起火的芳香油脂。

当森林中的空气干燥时，这种芳香油脂非常容易自燃，甚至酿成森林火灾。火族岛上的这种小花特别多，因此火族人居住在湖水附近，一旦发现“看林人”自燃，他们都必须及时扑灭，否则就会酿成波及全岛的大火灾。

如何解释“火神”惩罚入侵者呢？原因是人的行动往往会加速芳香油脂挥发，向火族人报警的奥秘。

11. 变色的苹果

探长根据那个苹果识破了所长的诡计。

原来，在苹果表皮的细胞里含有一种氧化醇素。平时，它被细胞膜严密地包裹着，不与空气接触，一旦细胞膜破了，氧化醇素就与空气中的氧发生氧化作用，结果导致苹果变色。

而所长咬过的这个苹果却没有变色。如果真像所长所说半个小时前被人麻醉昏倒的话，苹果的颜色一定会发生变化。

12. 被融化的子弹

探长经过调查发现，这不是一般的子弹，而是用坚硬的岩盐做成的。

岩盐又称石下边，是天然存在的氯化钠，可以溶解于水，多产于海滨浅水盐湖中和炎热干燥地区，它是重要的化学工业原料，可以供食用。

它的特点像石头一般坚硬，如果用它制成子弹，即使穿着衣服也足够射入人的体内，由于体内的水分和温度，子弹很快被消化了。

13. 煤气惩凶

的确，煤气比空气轻，但煤气并不是呈一股直线上升。由于空气对流的影响，煤气会首先在空气中扩散，接着和空气混合在一起。尤利西斯期待煤气在空气里笔直上升到楼上，这只不过是尤利西斯一厢情愿的想法，这个恶意的想法使他最终葬送了自己的性命。

14. 流动的漩涡

雷迪现在应该在新西兰。在地处北半球的夏威夷，水流漩涡是由左向右的；而在地处南半球的新西兰，水流漩涡是由右向左的。

水的漩涡受地球自转的影响，北半球水的漩涡是由左向右顺时针旋转，南半球则相反。通过这个案件我们可以知道，要成为一名优秀的侦探需要多么丰富的知识啊！

15. 祖母绿失窃案

西尔是利用了一个简单的科学原理，找到了答案。封条上的糨糊是刚刚刷上去的，如果揭开，不小心一定会沾到手上。而淀粉是糨糊的主要成分，碰到碘酒会变成蓝色。轻而易举地让偷窃者交出了祖母绿。

16. 轮胎里的毒气

其实凶手是利用轮胎作的案，他在前一天悄悄溜进了车库，在轮胎里充满了高压氰酸钾气体。

第二天清晨，当被害人想出车时，发现一个轮胎气充得太足了，这样车开起来可能会有危险，接着拧开气门蕊放些气。就在这一瞬间，剧毒的氰酸钾气体喷射出来使其中毒身亡。

17. 上校的神秘之死

华蒙托夫平时心脏健康，身体健壮，他的猝死明显是非正常死亡，由于他的身体没有任何伤痕，因此不能排除他杀的可能。

考虑到他死在观察同盟国军队的时候，因此死前接触到的最后一件东西，很可能是望远镜，而望远镜同样可以成为杀人利器！这确实有点让人费解。

如何让华蒙托夫自己杀死自己呢？被买通的警卫把调节焦距的旋钮和一根

毒针连在一起，当华蒙托夫扭动旋钮的时候，毒针正好刺中眼球，导致心脏猝停。

而华蒙托夫在被刺中的刹那，自然本能地将望远镜扔掉。他身处悬崖边，这一无心的举动毁灭了最后的罪证，如果不是探案专家神奇的推理能力，这件案件恐怕要成为永远的悬案了。

18. 烧不焦的罪证

如果人活活被烧死，烟会随着呼吸进入呼吸道，整个咽喉内便会被烟薰黑；恰恰相反，王某先死亡再被烧，咽喉内不会被烟薰黑。

19. 当心蝮蛇

采春天的山野菜是旧历的正月，而现在还是冬季。在日本温带气候生栖的蛇类，是靠冬眠度过寒冷而漫长的冬天，因此，冬季里的蛇是不会袭击人的。

20. 倒在血泊中的鸵鸟

鸵鸟尽管没有牙齿，但它拥有不同寻常的胃。它可以吞食大量的小石子，用胃里的小石子来弄碎食物帮助消化，这种小石子不排泄，会留在胃里。因此，犯罪分子觉得这是个很好的机会，为了从南非走私钻石，他们让鸵鸟吞食了大量的钻石，回到国内时，再想办法杀死鸵鸟，取走钻石。

21. 冰雪疑凶

其实，判断的依据很简单：从事发地点距离他出现的地方有半个小时路程，假如他是跑出来救落入水中的人，男人从一开始浑身湿漉漉的，走了这么远的路程，应该全身都冻得结冰才对。据此可以判断出，朋友是他推下去的。或者在别处杀害以后再推下去的，而他自己则在旅馆里弄湿衣服，出来呼喊救命。

22. 反守为攻

丁楷拿出了一份权威性的鉴定报告，指出中国上海根本没有这种蚂蚁。实际上这是一种常年生活在北海道以外的日本各地的“伊氏臭蚁”，它是日本国的“土特产”。

皮革厂的两位使者接到这份报告如获至宝，日夜兼程赶到东京。正当谈判进入摊牌阶段时，皮革厂的代表出示了这张王牌：“衣服里的蚂蚁是运抵贵国后爬进去的，我方不承担任何责任！”

结果，皮革公司不仅打赢了这场“蚂蚁官司”，还挽回了巨大的经济损失，并要求日方赔偿名誉损失。最后，这场官司以日本每年增加订购 2000 件皮革衣服而告终。

23. 两台电风扇

上午 8 时凶手离开现场，那两台电风扇就是杀人凶器。罪犯把吃了安眠药的被害者衣服扒光，让他睡到吊床上，同时将两台电风扇同时打开并定了时间，强风使入睡者的全身汗毛堵塞，造成窒息死亡。

不光鼻子是人的呼吸通道，全身皮肤的汗毛孔也是用来呼吸的。如果长时间造成皮肤呼吸困难，结果将会导致死亡。因此家长要特别注意，幼儿睡觉时吹电风扇是危险的。

罪犯在电风扇上使用了定时器，因此发现尸体时电风扇已经停止转动。

24. 盗贼的失误

那颗大钻石在保险柜里已经化为一小堆灰。钻石是地球物质中最坚硬的，其成分是碳元素的纯结晶体，如果在温度超过 850℃的情况下，就会燃烧。

氧气切割机火焰温度高达 2000℃，用如此高温的切割机切割小小保险柜门，致使保险柜中的钻石燃烧，变成了二氧化碳。

25. 聪明的探长

当探长看到坑里的痕迹，发现莱恩已经转移了赃物时，立即想起他当初曾惊慌地朝晒场投去一瞥，可以肯定那里即是他转移铁箱的地方，在那里埋铁箱比磨坊更为安全，谁也不会注意到人来人往的地方。可是晒场太大了，如果全部挖一遍，将会浪费很多时间。

聪明的探长想到，干的泥土地渗水一定很快。但是，如果下面有只大铁箱，渗水的速度就会比其他地方慢，它上边的泥土积了水，颜色肯定与其他地方不一样，这就是探长很快找到埋藏赃物正确地点的方法。

26. 转动的钓鱼线

凶手为了使屋内处于停电状态，首先把保险盒拉开，然后把电风扇的开关置于“ON”的位置，把系在电风扇转轴上的钓鱼线穿过房门上的插销槽，系在插销柄上，他站在门外，从门缝中伸进手去，将插销和钓鱼线系在一起。

随后，他悄悄地关上门，合上保险盒。这时电风扇旋转起来，钓鱼线随之卷进扇轴里，拉动插销柄，使之落进插销槽内，随着拉力的不断增强，钓鱼线从插销上脱落，被卷进电风扇的轴里看不见了。这样一来，犯罪现场也就成了一间完完全全的密室。

27. 化险为夷

这是由于持枪者用的是气压炸弹。气压炸弹只是在海拔 2000 米以下爆炸，那么只需选择海拔 2000 米以上的高原着陆，就能挽救全机乘客的生命。如墨西哥城，它的海拔高达 2300 米，飞机选择在那里降落是安全的，不需要采用另外的防护措施。

Chapter 5 第五章 细节中探索真相

1. 失窃的公文包

电力工程师在说谎。日本国旗是白底加太阳的图案，根本没有正反的区别，更不可能出现挂倒这种事情。因此，电力工程师一定没有重新挂国旗，他有足够的时间作案。

在一些情况下，只要根据严密的逻辑推理和正确的判断，就能顺利解决问题，需要注意的是，不要遗漏任何细节。

2. 解开语言的奥秘

鲁克证词里有许多矛盾的地方。第一，既然打他的那个大个儿胖子戴着手套，如何能看到手上的金戒指呢，并且他还说戒指上好像有一颗蓝宝石。第二既然两名强盗进门时都戴着面具，怎么可能看见他们叼着香烟呢？第三，既然列车行进的时候声音很大，那两声轻轻的敲门声怎么可能会被听见？

3. 兄弟被杀

熊本一郎家里有三个兄弟，警长到金田村刚家调查时，一开始就没有告诉他谁是死者，而金田村刚却一口说出死者是熊本一郎，这就说明金田村刚事先必定知道。斯托弗抓住这个破绽，从而打开缺口，一举破获了此案。

4. 海面上的呼救信号

海上没有风，白布是绝对不能飘起来的，当然，人们更不能看到白布上的字。

韦尔斯正是在这个问题上露出了马脚。

5. 说谎者

阿尔杰说他今天开了这辆蓝色的轿车 12 个小时，倘若真是如此，汽车引擎罩应该是非常烫的。而刚才那个小男孩却可以光着脚丫子在上面爬来爬去，这说明车的引擎罩是冷的。这样可以肯定阿尔杰在说谎。

6. 相似的车牌号码

镜子在整个案件的侦破中发挥着重要作用。出租司机看到的车牌完全没错，因为司机从后视镜中往后看，所以看到的景象与实际的图像是相反的，也就是说，正确的车牌应该是 30AU51。

7. 树下的谋杀案

原因在死者的脚上。假如死者真是从树上滑下来磕在石头上致死的话，那么他脚上的擦伤应该是横向的。显然被害人的脚伤不是从树上滑下来所致。

8. 瞬间的亮光

陈可是根据中年男子手上的那块劳力士荧光表来判断的。在电梯熄灯时，陈可看到一道闪光在女士的胸前闪过，而这道闪光就是劳力士荧光表在黑暗中发出的。毋庸置疑，那位中年男子就是偷走胸针的人。

9. 谁是陌生人

那件被狗咬碎的睡衣就是关键。狗对气味很敏感，在半夜里，它们只能凭气味来判断谁是陌生人。“鉴赏家”正是利用了这点，调换了自己和珠宝商的睡衣。

10. 略有不同

警探突然想到，这个小伙子可能有一个孪生兄弟，找户口册一看，确实如此。因此，他们很快就抓获了凶手。

11. 关在酒窖里的秘书

由于酒窖四周无窗，假如凯尔真的失去知觉，即使有老式手表，醒来后也无法辨别出外面是白天还是黑夜；即使有老式手表，他也无法知道到底当时是中午 12 点还是夜里 12 点。而现在凯尔竟然很明确的肯定是午夜 12 点，通过这个细节，我们可以知道作案者就是这位秘书。

12. 一坛银子

县官说："商人外出 3 年，红枣早已干枯霉烂，现在红枣新鲜完好，明显是刚刚放进去的。"这时邻居无话可说，只好乖乖地交出了银子。

13. 右手握枪

死者两个月前已因右手麻痹而不能使用，从现场观察得知，他依然用右手，因此证明凶手把他杀害后才把枪放在他手中。在两人中，只有两天前从巴黎回来的德瑞不知道他的右手有毛病，因此德瑞就是凶手。

14. 绝密情报

我们不妨想象一下，平时专门用来藏东西的地方有哪些？如暗门、壁橱，它们都是搜查的重点。然而，人们易对眼前的事物视而不见。

珊多拉把芯片迅速贴到电扇的叶片上，然后打开电扇。在高速旋转的时候，叶片上的一张邮票是无法看出来的，因此我们就不会奇怪，警察为何到处搜素，也只是白费力气。

15. 最后一个指纹

这个故事破案的关键就是细节，如果你粗心大意的话，可就犯下和巴奈特一样的错误了。安德烈是按门铃进来的，因此他留下的最后一个指纹在门铃上，而警察敲门进来的原因，就是不破坏这最后一个没有被清除掉的指纹。